Objectif BAC

STMG
1re et Terminale

Fiches détachables

# Management des organisations

Jean-Bernard Ducrou



hachette
ÉDUCATION

## Mode d'emploi de l'ouvrage

Un **système d'encoches** permet de noter où l'on en est dans son parcours de révision (trois niveaux de « coche » prévus par fiche pour indiquer si la fiche a été simplement *lue*, *revue* ou si elle est *acquise*).

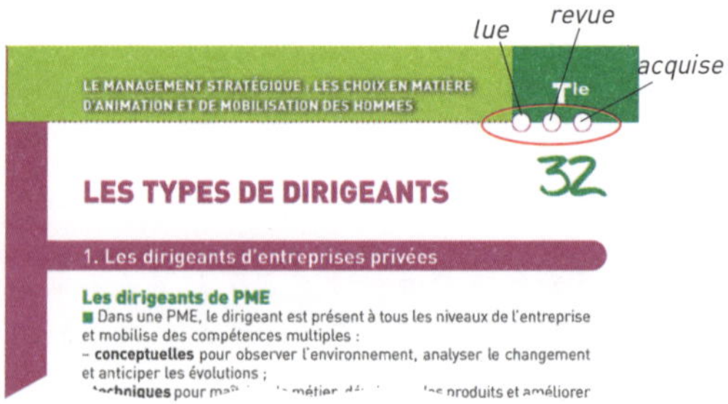


**Conception graphique**

Couverture : Alain Vambacas

Intérieur : Audrey Izern

**Réalisation**

Couverture : Alain Vambacas

Composition et mise en pages : Jérôme Pagès

Schémas : Jérôme Pagès

www.hachette-education.com

ISBN : 978-2-01-182172-7

# SOMMAIRE

## PROGRAMME DE PREMIÈRE

# PROGRAMME DE TERMINALE

## 1. Cadre réglementaire de l'épreuve

L'épreuve de management des organisations est une épreuve écrite qui porte sur les programmes de management de première et de terminale. Elle vise à évaluer la connaissance des **notions fondamentales** de management par le candidat et sa capacité à les mobiliser pour l'analyse des organisations et des pratiques de management. L'épreuve permet également de vérifier les acquis méthodologiques du candidat en management des organisations.

## 2. Présentation de l'épreuve

L'épreuve prend la forme d'un **cas pratique** composé de travaux qui permettent l'**analyse d'une ou plusieurs situations de** management des organisations présentées dans un **dossier documentaire composé d'annexes**.

La première page du dossier présente une liste de travaux à effectuer ainsi qu'une liste d'annexes. Les pages suivantes regroupent les annexes du dossier.

## 3. Contenu de l'épreuve

L'épreuve porte sur l'ensemble des notions et méthodes étudiées en première et en terminale STMG. En aucun cas les seules notions de première ou les seules notions de terminale ne peuvent suffire pour aborder l'épreuve. Les travaux à effectuer portent toujours sur des notions ou des méthodes acquises en première **et** en terminale.

## 4. Critères d'évaluation

L'épreuve n'est pas un exercice théorique mais un exercice pratique qui doit permettre au jury de vérifier les capacités du candidat à :

- **analyser et exploiter des documents** concernant une ou plusieurs organisations ;
- **analyser une organisation** : présenter ses caractéristiques, étudier son fonctionnement, examiner ses modes de management et éventuellement son évolution ;
- **identifier une situation** ou **un problème de management** ;
- **procéder à une analyse méthodique** ou à un **diagnostic raisonné** et argumenté de la situation ou du problème de management.

## 5. Conseils et méthodes de travail

Bien que l'épreuve se présente sous la forme d'un cas pratique, des connaissances ou notions doivent être nécessairement mobilisées pour réaliser les travaux demandés. Le programme de première comporte des notions qui servent notamment à **caractériser** les organisations, à **analyser** leur fonctionnement et à **comprendre** les grandes fonctions du management. Ces notions doivent être maîtrisées car elles constituent les bases de la discipline.

L'épreuve vous invite à analyser une situation de management en effectuant une série de travaux qui respectent une chronologie. **Vous ne pouvez donc pas** réaliser les travaux **demandés dans un ordre quelconque**. Ces travaux forment une **démarche logique d'analyse** : certains travaux doivent être nécessairement réalisés avant que d'autres soient effectués. Vous devez prêter une attention particulière aux **verbes employés** et aux **notions utilisées** dans l'énoncé.

Les annexes du dossier ne sont jamais très longues et proposent en principe des documents de natures différentes (schéma, texte, tableau). Cependant, il s'agit le plus souvent de textes dont le contenu est facilement lisible en raison d'un style assez simple et accessible. Ainsi, les annexes comportent souvent des **comptes rendus d'entretien**.

La réalisation des travaux vous oblige à présenter une **réponse rédigée et argumentée**. Il est recommandé de ne pas proposer un schéma ou un tableau en guise de réponse si cela ne vous est pas demandé, mais plutôt de présenter une réponse explicite et structurée. Certains travaux vous imposent d'ailleurs de justifier votre réponse. Vous devez alors nécessairement proposer une réponse qui apportera des arguments ou des justifications à l'appui de ce que vous affirmez.

Enfin, vous devez **veiller à la ponctuation**, aux **accents** et aux **majuscules** et prêter une attention soutenue à votre orthographe et à votre syntaxe en relisant votre copie.

# ACTION INDIVIDUELLE ET ACTION COLLECTIVE

1

## 1. Les limites de l'action individuelle

### L'action individuelle limitée

■ L'action individuelle suppose la conduite d'une action ou d'un projet par un seul individu. Cette action ou ce projet individuel n'engage, en principe, que l'individu qui poursuit des objectifs personnels et utilise ses propres moyens pour les atteindre.

■ Il appartient donc à l'individu de déterminer les tâches à réaliser et de les planifier en tenant compte du fait qu'il est le seul à les effectuer. Une **action individuelle est par définition limitée** puisque les conditions de sa mise en œuvre sont elles-mêmes limitées.

### L'action individuelle inefficace

■ Une action individuelle ne peut aboutir à un résultat satisfaisant quand elle nécessite des moyens ou des compétences que l'individu ne possède pas, qu'il possède en **quantité insuffisante** ou qu'il **ne maîtrise pas ou peu**.

■ De même, une action individuelle peut nécessiter d'articuler un **certain nombre de tâches** qu'il est difficile d'effectuer en même temps, ce qui peut accroître sensiblement le délai de réalisation de l'action ou du projet. Dans ce cas, l'action individuelle peut se révéler rapidement inefficace, et l'action collective se justifie alors par **une plus grande efficacité que l'action individuelle**.

## 2. L'efficacité* de l'action collective

### L'action collective organisée

■ L'action collective* implique que l'action individuelle disparaisse pour laisser place à la **coopération de tous**. Une action collective suppose en effet qu'un **ensemble d'individus décident de coopérer** à la réalisation d'un but, ce qui signifie que chacun doit prendre la décision individuelle de **mobiliser ses propres moyens** au service de l'action collective afin de contribuer efficacement à sa réussite.

■ C'est donc **l'engagement collectif autour d'un ou plusieurs objectifs** qui montre la volonté pour les membres du groupe d'atteindre le même but. La conduite d'une action collective organisée suppose toujours la constitution d'un groupe de personnes qui **partagent au moins un objectif commun et s'organisent ensemble pour l'atteindre**. Ces objectifs peuvent être

**lucratifs ou non lucratifs**, c'est-à-dire orientés ou non vers la recherche de bénéfices.

## Le groupe organisé

■ Un groupe organisé* est caractérisé par l'**interdépendance et l'interaction de ses membres** qui s'engagent personnellement dans la réalisation d'un objectif partagé.

■ L'**interdépendance** suppose que chacun des membres soit **dépendant des autres** dans la mesure où c'est la **coordination des capacités individuelles** qui permet au groupe de conduire avec efficacité son action collective ou son projet commun. L'**interaction** implique que les actions individuelles de chaque membre aient une **influence** plus ou moins déterminante sur les actions des autres.

■ Un groupe organisé existe donc grâce à la **volonté individuelle de coopérer** à la réalisation d'un objectif commun auquel tous les membres doivent croire. Cette volonté est une **envie et un effort explicites de partager et d'agir avec d'autres personnes**.

■ La détermination et la réalisation de l'objectif commun est un **acte de coopération**. Les membres de l'organisation doivent toujours croire aux objectifs fixés, car cette croyance est à l'origine des **motivations personnelles des individus**.

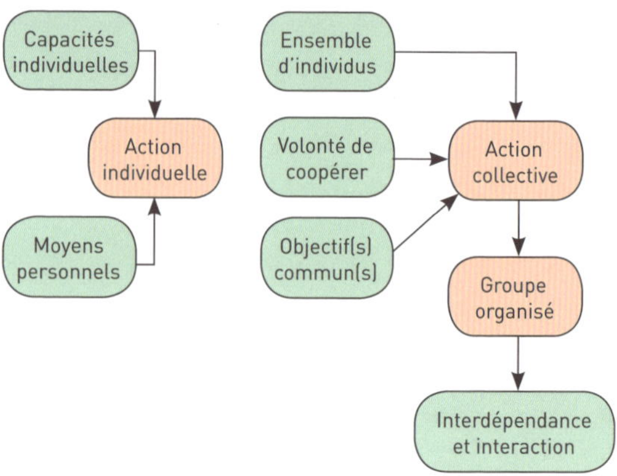


### VOIR AUSSI

- **Du groupe organisé à l'organisation** *(fiche 2)*

### MOTS CLÉS

- **Action individuelle**
- **Action collective**
- **Objectifs**
- **Groupe organisé**

### TESTEZ-VOUS

**A.** Comment distinguer une action collective d'une action individuelle ?
**B.** Pourquoi une action collective est-elle plus efficace qu'une action individuelle ?
**C.** Quelles sont les caractéristiques d'un groupe organisé ?
**D.** Un groupe d'individus est-il toujours organisé ?

*Corrigés p. 117.*

# DU GROUPE ORGANISÉ À L'ORGANISATION

2

## 1. La durée et le statut juridique

### La durée d'existence

■ Le passage d'un groupe organisé à une organisation* suppose une **durée d'existence relativement longue**. En revanche, un groupe organisé peut durer quelques jours, voire quelques mois. Une organisation a **vocation à exister durablement** dans le temps afin de permettre à ses membres de réaliser avec succès les objectifs communs qu'ils se sont fixés.

### Le statut juridique

■ La transformation d'un groupe organisé en organisation implique également la nécessité de se mettre en conformité avec des **obligations juridiques**.

■ Le statut juridique accorde à une organisation une **existence officielle** qui se traduit par une **personnalité juridique** distincte de celles de ses membres. Grâce à ce statut juridique, une organisation devient juridiquement une **personne morale** qui peut effectuer des actes juridiques et conclure des contrats nécessaires à ses activités.

## 2. Le choix et la mobilisation des ressources

### La diversité de ressources

■ Le **choix des ressources*** et leur affectation sont des décisions très importantes puisqu'elles vont influencer l'organisation sur le long terme et engager sa pérennité. Une organisation peut mobiliser des ressources humaines, matérielles et financières. Même si l'organisation ne les possède pas, ces ressources doivent néanmoins être **disponibles dans l'environnement** avec lequel l'organisation est en interaction.

### La nécessité d'obtenir des résultats

■ Une organisation accomplit toujours une action collective afin de réaliser les objectifs qu'elle s'est fixés. C'est pourquoi une organisation est efficace quand les **résultats réalisés correspondent aux objectifs** qu'elle devait atteindre.

VOIR AUSSI

- **Les caractéristiques d'une organisation** *(fiche 3)*

MOTS CLÉS

- **Organisation**
- **Ressources**
- **Résultats**

TESTEZ-VOUS

**A.** Comment distinguer une organisation d'un groupe organisé ?
**B.** Quels types de ressources une organisation peut-elle mobiliser ?
**C.** Pourquoi une organisation doit-elle toujours contrôler ses résultats ?
**D.** Quel est le rôle de l'autorité dans une organisation ?

*Corrigés p. 117.*

# 3. Le fonctionnement de l'organisation

## La prise de décision et le contrôle des résultats

■ Une organisation est un **lieu de décisions** portant sur les **objectifs à atteindre** et sur les **actions à mener** pour transformer ces objectifs en réalité.

■ Une organisation doit **contrôler les résultats** pour vérifier si les objectifs fixés sont atteints. Sans ce contrôle, une organisation ne pourrait pas se développer car la **détermination de nouveaux objectifs** suppose toujours que les objectifs précédents soient réalisés.

## La définition et la coordination des actions

■ L'organisation est un **lieu de décisions multiples** portant sur la définition, la répartition, la coordination et le contrôle des **actions individuelles et collectives** à accomplir afin d'obtenir les résultats collectifs souhaités. Ces actions prennent la forme de **tâches et d'activités** propres à l'organisation. Des **contraintes de temps** imposent le plus souvent de coordonner efficacement les actions afin d'atteindre les objectifs fixés et de parvenir rapidement à des résultats.

## La circulation de l'information

■ Une organisation ne peut fonctionner sans un **système d'information** et un **réseau de communication**, permettant de faire circuler des informations internes et externes.

## L'autorité et la fixation des règles

■ Les décisions ne peuvent se réaliser sans une **autorité** dont le rôle est de faire passer l'**intérêt collectif de l'organisation** avant les intérêts individuels de ses membres, et d'apaiser les conflits entre les membres. C'est l'autorité qui fixe un **ensemble de règles** permettant de coordonner les actions.

## L'évaluation de la performance

■ La **performance d'une organisation** se décompose en efficacité et efficience. L'**efficacité d'une organisation** implique que les résultats réalisés correspondent aux objectifs qu'elle devait atteindre. L'**efficience d'une organisation** suppose que les objectifs soient atteints moyennant la minimisation du coût des ressources exploitées.

# LES CARACTÉRISTIQUES D'UNE ORGANISATION

3

## 1. La finalité et la nature de l'activité

### La finalité d'une organisation

■ La **finalité*** d'une organisation est définie par sa **raison d'être**, c'est-à-dire ce qui justifie son existence. Souvent, la finalité s'exprime à travers le **but général ou les objectifs généraux** que l'organisation s'est fixés.

■ La finalité s'appuie le plus souvent sur le **métier** que l'organisation maîtrise en termes de savoir-faire ou sur la **mission** que l'organisation s'est assignée. Le métier ou la mission détermine l'ensemble des objectifs de l'organisation et influence le choix des moyens pour les atteindre.

■ La finalité d'une organisation peut être **lucrative ou non lucrative**, c'est-à-dire orientée ou non vers la recherche d'un bénéfice.

■ La finalité d'une entreprise peut être **économique** (croissance, chiffre d'affaires, rentabilité, marché...), **sociale** (création ou sauvegarde d'emplois, formation, épanouissement personnel...) et/ou **sociétale** (développement durable, protection de l'environnement, protection et égalité des salariés, non-discrimination...).

### La nature de l'activité

■ La **nature de l'activité** d'une organisation est définie par ce que l'organisation réalise effectivement en combinant ses diverses ressources. Il peut s'agir de la **production* de biens matériels** vendus à des clients ou de la **fourniture de services** proposés à des usagers ou à des adhérents.

■ En fonction de la **nature de son offre** (bien ou service), l'organisation choisit les ressources nécessaires à sa production et détermine la manière de produire.

### Le statut juridique

■ Le **statut juridique*** d'une organisation correspond à sa définition ou son **appellation juridique**. Il peut s'agir par exemple d'une entreprise individuelle, d'une société à responsabilité limitée (SARL) pour une entreprise, ou encore d'une association reconnue d'utilité publique, d'une collectivité territoriale (commune, région...), d'un établissement public, etc.

### Le champ d'action géographique

■ Le **champ d'action** d'une organisation correspond à la **zone géographique** dans laquelle l'organisation exerce son activité et propose son

VOIR AUSSI

- **Du groupe organisé à l'organisation** *(fiche 2)*

MOTS CLÉS

- **Finalité**
- **Nature de l'activité**
- **Statut juridique**
- **Champ d'action géographique**
- **Ressources**
- **Répartition du pouvoir**

TESTEZ-VOUS

**A.** Quelles sont les principales caractéristiques d'une organisation ?
**B.** Comment peut-on définir le statut juridique d'une organisation ?
**C.** Quelles sont les différentes ressources d'une organisation ?
**D.** Comment le pouvoir peut-il être réparti dans une organisation ?

*Corrigés p. 117.*

offre (bien ou service) à ses clients, usagers ou adhérents.

■ Cette **zone d'influence de l'organisation** sur son environnement peut être locale, régionale, nationale ou internationale. Elle est composée de **territoires délimités** par des frontières (pays, régions, continents, etc.).

## 2. Les ressources et la répartition du pouvoir

### Les ressources humaines

■ Les **ressources humaines** d'une organisation sont composées des individus qui contribuent à la réalisation des objectifs communs : propriétaires, salariés, bénévoles, fonctionnaires...

■ Ces individus possèdent des **compétences**, des **qualités** personnelles, une **expérience**, des **savoir-faire**... qu'ils mobilisent au service de l'organisation, et que l'organisation doit permettre de développer.

### Les ressources matérielles

■ Les **ressources matérielles** correspondent à l'ensemble du patrimoine matériel (immeuble, biens d'équipement, véhicules...) et immatériel (image de marque, brevet d'invention...) de l'organisation.

### Les ressources financières

■ Les **ressources financières** sont constituées des moyens que l'organisation mobilise pour financer son **activité quotidienne** (court terme) et assurer son avenir (long terme) : on parle alors d'**investissement**.

■ Les ressources financières peuvent avoir une **origine privée** (emprunts, apports des associés, cotisations, dons...) ou provenir d'une **source publique** (impôts, cotisations, taxes...).

### La répartition du pouvoir

■ Une organisation nécessite une **autorité** reconnue (légitime) pour exercer un **pouvoir de décision** sur les grandes orientations de l'organisation et sur le choix des moyens à mobiliser.

■ Ce **pouvoir de décision** peut être détenu exclusivement par un individu ou un petit groupe d'individus (**pouvoir centralisé**) ou réparti entre les membres de l'organisation (**pouvoir décentralisé**).

# LES QUATRE FONCTIONS DU MANAGEMENT

4

## 1. Piloter l'organisation et organiser la production

### Fixer les objectifs et contrôler les résultats

■ 1ère fonction du management : elle consiste à **fixer les objectifs généraux** que l'organisation doit atteindre et à **contrôler* les résultats.** On regroupe ces deux activités managériales au sein de la fonction « **pilotage de l'organisation** ».

■ Le pilotage de l'organisation comprend la **définition de la finalité** de l'organisation appelée également **finalisation de l'organisation**.

■ En effet, les objectifs d'une organisation doivent toujours être en rapport avec sa finalité et tenir compte de ses ressources. La **fixation des objectifs** suppose d'**évaluer les ressources de l'organisation** sans lesquelles ces objectifs deviendraient en pratique irréalisables.

■ La fonction de pilotage implique également de **mesurer la performance de l'organisation**, c'est-à-dire sa capacité à atteindre des résultats en minimisant les coûts. Pour cela, il est indispensable de choisir des **critères d'évaluation** quantitatifs et qualitatifs qui permettent de mesurer les résultats obtenus en tenant compte des ressources mobilisées.

### Répartir et coordonner le travail

■ **2e** fonction du management : elle consiste à **diviser le travail en tâches**, puis à les **répartir** et les **coordonner** entre elles de manière à réaliser avec efficacité la production de biens ou de services. On regroupe ces activités managériales au sein de la fonction « **organisation de la production** ».

■ La coordination des tâches permet de faire collaborer les différents acteurs de l'organisation et de maintenir ainsi une **activité cohérente**. Pour cela, une organisation doit mettre en place des **modes de coordination** qui décrivent de quelle manière est assurée la coordination nécessaire entre les diverses tâches.

■ On distingue la coordination par une **communication informelle** entre les membres de l'organisation (on parle aussi d'ajustement mutuel), par des **ordres donnés par une autorité hiérarchique** supérieure (supervision directe) ou par des **règles standardisées** (normes, résultats, qualifications...) et qui s'imposent à l'ensemble des membres.

VOIR AUSSI

- **Management stratégique et management opérationnel** *(fiche 5)*

MOTS CLÉS

- **Finalisation**
- **Contrôle**
- **Pilotage**
- **Animation**
- **Mobilisation**
- **Direction**

TESTEZ-VOUS

**A.** Quelles sont les quatre fonctions du management ?
**B.** Qu'appelle-t-on le pilotage de l'organisation ?
**C.** En quoi consiste la mobilisation des hommes dans une organisation ?
**D.** Pourquoi la fonction de direction est-elle transversale ?

*Corrigés p. 117.*

## 2. Animer les hommes et diriger l'organisation

### Animer et mobiliser les hommes

■ **3**e fonction : **animation des hommes** qui repose sur la mise en place des **moyens de coopération** entre les membres de l'organisation afin de favoriser les actions collectives nécessaires à la réalisation de ses objectifs généraux. Pour cela, le management permet de **concilier les intérêts personnels** des différents acteurs de l'organisation avec les **intérêts collectifs** de l'organisation.

■ Les intérêts individuels des membres de l'organisation ne coïncident pas toujours entre eux ni avec les intérêts de l'organisation. C'est donc le rôle du management de faire en sorte que tous les acteurs tirent un **avantage personnel** de leur contribution à l'action collective et à ses résultats tout en préservant les **intérêts de l'organisation**.

■ La **mobilisation des hommes** consiste à évaluer, utiliser et développer les **compétences des membres** de l'organisation. Cette mobilisation passe par le recrutement, la formation et la motivation des membres de l'organisation. La motivation peut s'appuyer sur la rémunération et sur d'autres facteurs comme des conditions de travail agréables, l'autonomie, la prise de responsabilités, l'évolution du parcours professionnel (carrière), etc.

### Diriger et prendre des décisions

■ Le management est posé comme l'**art de diriger une organisation** et de **prendre les décisions** nécessaires à la réalisation de ses objectifs.

■ **4**e fonction : **fonction de direction** qui est une **fonction transversale** puisqu'elle s'exerce quotidiennement à travers la prise de décisions nécessaires au fonctionnement de l'organisation. Le manager prend des décisions qui ont une influence sur son **environnement immédiat** (service, atelier, groupe de travail...) ou un impact sur l'**environnement de l'organisation**. La direction d'une organisation consiste donc à anticiper l'évolution de l'environnement, à en repérer les opportunités et les menaces afin d'assurer le **développement et la pérennité de l'organisation**.

# MANAGEMENT STRATÉGIQUE ET MANAGEMENT OPÉRATIONNEL

5

## 1. Les caractéristiques du management stratégique

### Une influence déterminante sur l'organisation

■ Le **management stratégique*** concerne la prise de décision sur les **orientations à long terme de l'organisation** compte tenu de son potentiel d'évolution et des changements de l'environnement.

■ Le management stratégique regroupe les **décisions stratégiques** qui engagent l'avenir de l'organisation et ont une influence déterminante sur son existence. Autrement dit, ces décisions ont un **impact sur la pérennité de l'organisation**.

■ Le management stratégique est la manière d'analyser le potentiel de l'organisation et son environnement, de déterminer ses objectifs généraux et sa stratégie, de choisir et coordonner les moyens à mettre en œuvre et de contrôler les résultats.

### Des décisions prises à un niveau supérieur

■ Le management stratégique regroupe les décisions prises au **niveau hiérarchique le plus élevé**, c'est-à-dire la **direction de l'organisation.** La direction d'une organisation peut être assurée par une personne (dirigeant, président...) ou par un ensemble de personnes de manière collégiale (équipe, conseil, collège...).

■ Les décisions stratégiques présentent également un **caractère exceptionnel** ou en tout cas peu répétitif, et sont difficilement réversibles, c'est-à-dire qu'il est difficile d'annuler les effets de ces décisions.

### Une prise de risques et un contrôle des résultats

■ Le management stratégique suppose une **prise de risques** de la part du décideur car les décisions stratégiques sont souvent prises dans un environnement changeant et imprévisible dont le décideur n'a pas toujours une connaissance parfaite et totale. Cette situation contraint souvent le manager à mettre en place une **veille informationnelle*** lui permettant de diagnostiquer le potentiel de son organisation et d'anticiper les évolutions probables de son environnement.

■ Le management stratégique implique également de **contrôler les résultats** pour s'assurer de l'efficacité des décisions stratégiques.

VOIR AUSSI

- **Les quatre fonctions du management** *(fiche 4)*

MOTS CLÉS

- **Management stratégique**
- **Management opérationnel**
- **Décision stratégique**
- **Décision opérationnelle**

## 2. Les caractéristiques du management opérationnel

### La mise en œuvre des objectifs stratégiques

■ Le **management opérationnel*** se situe au niveau de la **mise en œuvre des décisions stratégiques***. Il consiste en effet à **rendre opérationnels les objectifs stratégiques** déterminés par la direction de l'organisation.

■ Il **gère de manière performante les ressources** de l'organisation, anime les équipes, motive et mobilise les hommes afin de s'assurer que chaque membre agit au mieux des **intérêts collectifs de l'entreprise**.

### Des décisions de gestion prises aux niveaux intermédiaires

■ Le **management opérationnel** concerne les décisions fréquentes et ayant une incidence à moyen et court termes sur le **fonctionnement de l'organisation**. Ces décisions opérationnelles* sont prises par tout **personnel d'encadrement** : chef de service, chef de département, contremaître, superviseur, cadre intermédiaire, cadre de premier niveau... Elles s'appuient sur des **outils de mesure des résultats** qui permettent d'évaluer les performances individuelles et la performance collective de l'organisation.

■ Le management opérationnel fait donc davantage appel à des **compétences de gestion** pour optimiser les différentes ressources nécessaires à la réalisation des objectifs stratégiques.

### Management stratégique et management opérationnel

■ Les objectifs du management opérationnel doivent toujours être **en cohérence** avec ceux du management stratégique car le management stratégique et le management opérationnel font partie d'un **même processus** où s'articulent trois niveaux de prises de décision :
– le niveau stratégique : les décisions sur les grandes orientations de l'organisation ;
– le niveau d'animation : les décisions de gestion des ressources ;
– le niveau opérationnel : les décisions relatives aux activités opérationnelles.

TESTEZ-VOUS

**A.** Quelles sont les caractéristiques du management stratégique ?
**B.** À quoi sert la veille informationnelle dans une organisation ?
**C.** Quelles sont les caractéristiques du management opérationnel ?
**D.** Pourquoi articuler management stratégique et management opérationnel ?

*Corrigés p. 117.*

# LES FACTEURS DE CONTINGENCE

6

■ Les **facteurs de contingence*** sont des variables internes ou externes à l'organisation qui influencent de manière déterminante les pratiques et les décisions managériales.

## 1. Les facteurs de contingence internes à l'organisation

### La taille et l'âge de l'organisation

■ La **taille de l'organisation** exerce une influence déterminante sur le management. Dans une grande association internationale par exemple, les pratiques managériales sont comparables à celles mises en œuvre par les dirigeants de grandes entreprises. Inversement, dans une association de quartier, le président est présent à tous les niveaux de décision et mobilise des compétences multiples. De même, dans une grande entreprise, les décisions stratégiques sont prises de manière formelle dans le cadre d'un conseil d'administration, alors que dans une PME, c'est le dirigeant qui décide souvent seul des grandes orientations stratégiques de l'entreprise.

■ L'**âge de l'organisation** influe également sur les pratiques et les décisions de management. Ainsi, dans une association ancienne, les pratiques de management peuvent être figées et ne pas avoir évolué en raison de l'existence de règles et de procédures établies depuis longtemps. De même, dans une entreprise récente (on parle de *start-up*), les pratiques de management ne sont pas formalisées et les décisions sont souvent prises de manière collaborative dans le cadre de réunions informelles.

### La culture de l'organisation

■ La **culture* d'une organisation** est un ensemble d'éléments tangibles, visibles et audibles, de valeurs, de croyances et de symboles propres à une organisation permettant de la différencier d'une autre organisation. Les composantes culturelles d'une organisation sont souvent liées à **son histoire** et à **ses valeurs** véhiculées par les individus qui l'ont créée.

■ La culture d'une organisation est **partagée par ses membres**, ce qui ne remet pas en cause leur diversité d'intérêts et d'objectifs.

■ La culture d'une organisation influence la manière dont les managers exercent leur **pouvoir de décision**. Par exemple, dans une organisation où sont valorisées l'initiative et la responsabilité individuelles, les managers délèguent leur pouvoir de décision.

■ Dans une organisation publique* où la culture du service public est primordiale, les managers publics prennent des décisions qui vont toujours dans le sens de l'intérêt général, et leurs pratiques sont souvent influencées par des règles et des procédures.

### Le pouvoir dans l'organisation

■ La manière dont le pouvoir* est réparti dans une organisation influence les pratiques et les décisions managériales. Lorsque le **pouvoir est décentralisé**, les initiatives sont valorisées et la prise de responsabilité est déléguée.

### La technologie mise en œuvre

■ La **technologie** mise en œuvre dans l'organisation pour produire détermine les pratiques de management. Dans un laboratoire pharmaceutique par exemple, les pratiques et les décisions managériales sont fortement influencées par l'existence de **normes et de procédures** de qualité à respecter.

## 2. Les facteurs de contingence externes à l'organisation

### Les changements technologiques

■ Les **changements technologiques**, qui affectent l'environnement* comme l'évolution constante des technologies de l'information et de la communication (Internet, téléphonie mobile, réseaux et logiciels informatiques...), modifient les **outils de gestion** au service des managers et agissent par conséquent sur leurs **pratiques de management**.

### Les changements économiques

■ Les **changements économiques** de l'environnement, tels que l'évolution du chômage ou l'augmentation du prix des matières premières, influencent les décisions relatives aux orientations stratégiques de l'organisation et agissent sur les pratiques managériales concernant le choix des **moyens d'animation et de mobilisation** des hommes (la rémunération notamment).

### Les changements écologiques

■ Les récentes préoccupations des citoyens liées au **développement durable***, et notamment à la **protection de l'environnement**, agissent sur les décisions et les pratiques managériales.

**VOIR AUSSI**


- **Les quatre fonctions du management** *(fiche 4)*
- **Management stratégique et management opérationnel** *(fiche 5)*


**MOTS CLÉS**

- **Facteurs de contingence**
- **Technologie**
- **Culture**
- **Pouvoir**
- **Environnement**

**TESTEZ-VOUS**

**A.** Quels sont les facteurs de contingence internes à l'organisation ?
**B.** En quoi le pouvoir influence-t-il les pratiques de management ?
**C.** Quels sont les facteurs de contingence externes à l'organisation ?
**D.** En quoi le développement durable influence-t-il les pratiques de management ?

*Corrigés p. 117.*

# LA FINALITÉ LUCRATIVE* DE L'ENTREPRISE

7

## 1. La création d'une richesse supplémentaire

### La satisfaction des besoins

■ L'entreprise est un acteur économique dont la fonction principale est de produire des biens* (tangibles) et des services* (intangibles) marchands pour la satisfaction des besoins individuels des clients. De ce point de vue, la finalité d'une entreprise est de satisfaire ses clients.

### La rémunération des acteurs

■ Pour remplir sa finalité économique, l'entreprise crée une **richesse supplémentaire** destinée notamment à **rémunérer les acteurs** qui ont contribué directement et indirectement à cette création. Ces acteurs sont internes (dirigeants, actionnaires, employés...) ou externes à l'entreprise (fournisseurs, État, collectivités territoriales, banques...). La richesse ainsi créée doit nécessairement permettre de rémunérer les acteurs qui reçoivent une **contrepartie à leur contribution respective**.

### La pérennité de l'entreprise

■ La création d'une richesse supplémentaire est indispensable à l'entreprise pour **garantir son développement** et **assurer sa pérennité** sur le long terme. Sans cette contrepartie destinée spécifiquement à l'entreprise, celle-ci ne pourrait exister durablement.

## 2. La création et le partage de la valeur ajoutée

### La création de la valeur ajoutée

■ Pour créer une richesse supplémentaire, l'entreprise combine des **ressources humaines, matérielles et financières**. Ces ressources sont appelées **facteurs de production** (on retient principalement le travail et le capital). La richesse supplémentaire créée par l'entreprise est appelée **valeur ajoutée** car c'est une valeur nouvelle créée au cours du processus de production.

■ La valeur ajoutée est la différence entre la valeur des biens et des services produits par l'entreprise (exprimée par le chiffre d'affaires) et la valeur des biens et des services consommés pour produire des biens appelés **consommations intermédiaires** (matières premières, énergie, loyer, téléphone, etc.)

VOIR AUSSI

- **Les finalités sociale et sociétale de l'entreprise** *(fiche 8)*
- **Les caractéristiques des entreprises** *(fiche 9)*

MOTS CLÉS

- **Bien, service**
- **Finalité lucrative**
- **Valeur ajoutée**
- **Profit**
- **Pérennité**

TESTEZ-VOUS

**A.** À quoi sert la création de richesse par l'entreprise ?
**B.** Quels sont les éléments et les bénéficiaires de la VA ?
**C.** Comment peut-on définir le profit d'une entreprise ?
**D.** Quel est le rôle du profit ?

*Corrigés p. 117.*

### Le partage de la valeur ajoutée

■ La valeur ajoutée* (VA) est partagée entre tous les acteurs internes ou externes qui ont contribué directement ou indirectement à sa création.

| Bénéficiaires de la VA | Éléments de la VA |
|---|---|
| Salariés | Salaires et primes |
| Prêteurs (banques le plus souvent) | Intérêts des emprunts |
| État, administrations et collectivités territoriales | Impôts et taxes |
| Sécurité sociale | Cotisations sociales |
| Apporteurs de capitaux (actionnaires) | Dividendes |
| Entreprise | Épargne pour investissement |

## 3. La mesure et le rôle du profit

### La définition du profit

■ Il n'existe pas de **définition précise du profit** dégagé par une entreprise. Ainsi, l'**excédent brut d'exploitation** (EBE) est ce qui reste de la valeur ajoutée une fois que le travail est rémunéré et que les impôts sur la production sont payés. Le **résultat net** d'une entreprise est le **bénéfice** (ou la perte) après impôts sur les bénéfices et avant distribution des dividendes aux actionnaires et/ou mise en réserve d'une épargne par l'entreprise pour financer ses investissements.

### Le rôle du profit

■ Le **profit*** sert à **rémunérer les performances de l'entrepreneur** qui a pris un risque. Il est également une source de revenus pour les **apporteurs de capitaux** susceptibles de fournir de nouveaux capitaux et pour **l'entreprise** qui doit épargner pour investir sans avoir à emprunter. Une partie du profit peut être versée aux **salariés** sous forme de primes d'intéressement ou de participation.

■ Le **profit** apparaît comme un élément indispensable au **maintien de la cohésion de l'entreprise** malgré les intérêts divergents des différents acteurs internes (salariés, actionnaires, dirigeants). Finalement, le profit garantit la **pérennité* de l'entreprise** en finançant son développement et en assurant ainsi sa survie.

# LES FINALITÉS SOCIALE ET SOCIÉTALE DE L'ENTREPRISE

8

## 1. L'influence des parties prenantes

### La définition d'une partie prenante

■ Une **partie prenante*** est un acteur individuel ou collectif (un individu ou un groupe) animé par des objectifs et des intérêts particuliers qui peuvent affecter l'entreprise ou être affectés par elle.

### La diversité des parties prenantes

■ Les parties prenantes peuvent être des individus, des communautés, des organisations ou des groupes sociaux définis par **les intérêts particuliers** qu'ils défendent.

■ Une **partie prenante de premier rang** est un acteur vital pour le fonctionnement et la survie de l'entreprise : clients, actionnaires, employés et fournisseurs. Une **partie prenante de second rang** est un acteur situé dans l'environnement de l'entreprise mais non essentiel à sa survie.

■ Les **parties prenantes internes** regroupent les actionnaires, les dirigeants, les employés et leurs représentants (syndicats).

## 2. La satisfaction des intérêts divergents

### Les intérêts des parties prenantes

■ Les parties prenantes ont des objectifs et des intérêts qui ne coïncident jamais exactement entre eux et avec ceux de l'entreprise. Chacun a sa **propre vision** des moyens nécessaires pour assurer le fonctionnement et garantir la performance de l'entreprise. C'est pourquoi chaque partie prenante cherche à agir en faveur de la solution **conforme à ses propres objectifs** et la plus **compatible avec ses intérêts**.

■ L'**action en contre-pouvoir** consiste, pour une partie prenante de l'entreprise, à faire valoir ses intérêts par l'organisation d'une action collective légitime et cohérente.

### Un enjeu du management

■ L'un des enjeux majeurs du management est de **gérer les intérêts divergents** des parties prenantes internes tout en maintenant la **cohésion de l'entreprise**.

■ Les décisions prises par les dirigeants ne sont pas les meilleurs des choix possibles (on parle de choix optimaux), elles sont toujours le **produit**

VOIR AUSSI

- **La finalité lucrative de l'entreprise** *(fiche 7)*
- **Les caractéristiques des entreprises** *(fiche 9)*

MOTS CLÉS

- **Parties prenantes**
- **Finalité sociale**
- **Responsabilité sociétale de l'entreprise (RSE)**

TESTEZ-VOUS

**A.** Quelle est la définition d'une partie prenante ?
**B.** Pourquoi faut-il concilier les intérêts des parties prenantes ?
**C.** En quoi consiste la finalité sociale de l'entreprise ?
**D.** Qu'est-ce que la RSE ?

*Corrigés p. 117.*

**de négociations et de compromis** entre des groupes d'individus aux intérêts divergents.

## 3. La finalité sociale de l'entreprise

### Le développement des compétences

■ La finalité de l'entreprise ne se limite pas à la **recherche d'un profit**, c'est-à-dire à la seule finalité économique. La **finalité sociale*** de l'entreprise est de créer, de développer et de sauvegarder des emplois qui permettent aux individus **d'exploiter et d'enrichir leurs compétences**.

■ L'entreprise contribue directement à l'enrichissement des compétences individuelles par la **formation**.

### Une source d'épanouissement

■ La **finalité sociale** de l'entreprise est également de permettre aux salariés de trouver dans leur activité professionnelle une source d'**épanouissement personnel**. En valorisant les compétences personnelles et en reconnaissant la contribution individuelle à la performance collective, l'entreprise joue un rôle déterminant dans la satisfaction des besoins individuels d'**accomplissement de soi**.

## 4. La finalité sociétale de l'entreprise

### La notion de responsabilité sociétale

■ La responsabilité sociétale de l'entreprise* (RSE) découle de l'application aux entreprises du concept de **développement durable** défini comme un développement permettant de répondre aux besoins du présent sans compromettre la capacité des générations futures à répondre aux leurs.

### L'étendue de la RSE

■ La RSE signifie qu'une entreprise doit se soucier non seulement de sa rentabilité* et de ses résultats financiers, mais aussi des **impacts environnementaux et sociaux de ses activités**. Une entreprise responsable est une entreprise attentive aux attentes de toutes ses parties prenantes : salariés, actionnaires, clients, fournisseurs....

# LES CARACTÉRISTIQUES DES ENTREPRISES

9

## 1. Les critères économiques

### Le secteur d'activité de l'entreprise

■ On distingue traditionnellement les entreprises des **secteurs primaire** (agriculture, sylviculture, pêche), **secondaire** (industrie, bâtiment, travaux publics), **tertiaire** (services) ou **quaternaire** (communication, information).

■ En économie, le secteur d'activité* regroupe des entreprises de **fabrication**, de **commerce** ou de **service** qui ont la même activité principale. Le secteur d'activité d'une entreprise correspond à son **activité principale** : automobile, industrie chimique, industrie du luxe, santé-pharmacie, textile-habillement, industries du cuir, assurance, distribution, logistique, banques, etc.

### Le métier de l'entreprise

■ Le **métier* d'une entreprise** est l'**ensemble des activités principales** qui mobilisent des ressources et des compétences spécifiques et qui permettent à l'entreprise de se distinguer de la concurrence.

■ Le métier de l'entreprise se caractérise le plus souvent par son **savoir-faire** et par les **compétences distinctives** qu'elle détient dans un domaine d'activité ou sur un secteur d'activité (Le métier de Sarenza.com est la distribution sur Internet de chaussures et accessoires de mode.) Il repose également sur des **ressources spécifiques** que l'entreprise possède et à partir desquelles elle tire un **avantage sur la concurrence**.

### La taille* de l'entreprise

■ Une **micro-entreprise** (MIC) est une entreprise occupant **moins de 10 personnes** et dont le chiffre d'affaires annuel n'excède pas 2 millions d'euros. La micro-entreprise ne doit pas être confondue avec l'auto-entreprise qui n'est pas une catégorie d'entreprise.

■ Une **petite entreprise** est une entreprise qui a **entre 10 et 19 salariés** et dont le chiffre d'affaires annuel n'excède pas 5 millions d'euros. Une **moyenne entreprise** est une entreprise qui a entre **20 et 249 salariés** et dont le chiffre d'affaires annuel n'excède pas 50 millions d'euros. Le regroupement des petites et moyennes entreprises forme la catégorie des **PME** (petites et moyennes entreprises).

■ Une **entreprise de taille intermédiaire** (ETI) est une entreprise qui a **entre 250 et 4 999 salariés** et dont le chiffre d'affaires n'excède pas 1,5 milliard d'euros.

■ Une **grande entreprise** est une entreprise qui a **au moins 5 000 salariés** et dont le chiffre d'affaires est supérieur à 1,5 milliard d'euros.

| | Grandes entreprises (GE) | Entreprises de taille intermédiaire (ETI) | Petites et moyennes entreprises (PME) | Micro-entreprises (MIC) | Total général |
|---|---|---|---|---|---|
| % d'entreprises | 0,01 | 0,17 | 4,88 | 94,94 | 100 |
| % de salariés | 31,21 | 22,53 | 27,64 | 18,62 | 100 |

**Répartition des entreprises par catégorie en 2010**

## 2. Les critères juridiques

### Le statut juridique* de l'entreprise

■ Les entreprises ayant un **but lucratif** comprennent les **entreprises individuelles** et **entreprises sociétaires**. Parmi les entreprises sociétaires, on distingue la **société à responsabilité limitée** (SARL) et la **société anonyme** (SA) dont la **société par actions simplifiée** (SAS).

| | SARL | SA |
|---|---|---|
| Industrie | 91,9 % | 8,1 % |
| Construction | 98,3 % | 1,7 % |
| Commerce, transports, hébergement et restauration | 97,0 % | 3,0 % |
| Information et communication | 95,0 % | 5,0 % |
| Activités financières et d'assurance | 87,9 % | 12,1 % |
| Activités immobilières | 95,1 % | 4,9 % |
| Activités de services administratifs et de soutien | 96,4 % | 3,6 % |
| Enseignement, santé humaine et action sociale | 97,1 % | 2,9 % |
| Autres activités de services | 98,5 % | 1,5 % |
| Total | 96,2 % | 3,8 % |

**Répartition des sociétés par secteur d'activité en 2010**

■ Les entreprises **sans but lucratif** prennent la forme de **coopératives**, de **mutuelles** ou d'**entreprises associatives** dans lesquelles ce sont les associés qui dirigent et prennent des décisions collectives.

### La propriété du capital de l'entreprise

■ Selon la propriété du capital, on distingue les **entreprises privées** (une ou plusieurs personnes sont propriétaires du capital) des **entreprises publiques** dans lesquelles l'État exerce un contrôle majoritaire.

**VOIR AUSSI**

- **La finalité lucrative de l'entreprise** *(fiche 7)*
- **Les finalités sociale et sociétale de l'entreprise** *(fiche 8)*

**MOTS CLÉS**

- **Secteur d'activité**
- **Métier**
- **Taille**

**TESTEZ-VOUS**

**A.** Quels sont les quatre secteurs d'activité possibles d'une entreprise ?
**B.** Sur quoi repose le métier d'une entreprise ?
**C.** Quels sont les caractéristiques d'une ETI ?
**D.** Comment distingue-t-on une entreprise publique ?

*Corrigés p. 117.*

# LES FINALITÉS DES ORGANISATIONS PUBLIQUES

10

## 1. La production de services publics

### La mission de service public*

■ Le **service public** est une activité qui repose sur la **primauté de l'intérêt général*** (intérêt d'une collectivité opposé à l'intérêt particulier d'un individu ou d'un groupe d'individus), prise en charge par la collectivité et pour la collectivité, sous l'**autorité** et le **contrôle des pouvoirs publics**.

■ La mission principale du service public est la **satisfaction des besoins sociétaux**, c'est-à-dire des besoins essentiels pour vivre dans une société, que ces besoins soient solvables (pouvant être payés) ou non solvables.

■ Les **trois grandes** missions de service public sont :
- de rendre accessibles à tous les usagers des services destinés à la satisfaction des besoins fondamentaux ;
- de contribuer à la cohésion sociale et au sentiment d'appartenance à une communauté ;
- de favoriser une utilisation efficace et équilibrée des ressources communes.

### Les principes de service public

■ Le service public repose sur **trois principes fondamentaux** :
- le **principe d'égalité** qui garantit l'accès de tous au service public ;
- le **principe de continuité** qui assure son fonctionnement régulier et continu ;
- le **principe d'adaptabilité** qui permet au service public de s'adapter à l'évolution des besoins sociétaux.

■ Le principe d'égalité est complété par le **principe d'équité** qui prend en compte les situations particulières et les besoins solvables ou non des usagers du service public.

■ Les **activités de service public** sont réalisées par des fonctionnaires ou des non-fonctionnaires dans les organisations publiques (ministères, administrations publiques, collectivités territoriales...).

### La délégation de service public

■ La **délégation de service public** consiste à confier, par contrat, à un délégataire public ou privé la **gestion d'un service public** dont une organisation publique a la responsabilité.

VOIR AUSSI

- **Les caractéristiques des organisations publiques** *(fiche 11)*
- **Usager ou client du service public ?** *(fiche 12)*

MOTS CLÉS

- **Intérêt général**
- **Service public**
- **Bien public**

TESTEZ-VOUS

**A.** Qu'est-ce qu'une mission de service public ?
**B.** Quels sont les principes du service public ?
**C.** En quoi consiste une délégation de service public ?
**D.** Comment définir un bien public ?

*Corrigés p. 117.*

■ Quand une organisation publique choisit de conserver la gestion du service public, on parle de gestion en régie. C'est le cas des collectivités territoriales qui peuvent décider de déléguer la gestion de l'eau ou la gestion des déchets ménagers à des prestataires extérieurs ou d'en assurer elles-mêmes la gestion en régie. Par conséquent, les **activités de service public*** peuvent être réalisées, par délégation, par des entreprises privées ou des associations et par des personnes non fonctionnaires.

## 2. La gestion du domaine public

### Les biens publics non marchands

■ Un bien public* présente deux caractéristiques complémentaires : la **non-rivalité** et la **non-exclusivité**. Cela signifie qu'il n'est pas possible d'empêcher un citoyen d'utiliser un bien public (non-rivalité), mais que son utilisation par un citoyen ne doit pas empêcher un autre citoyen d'utiliser ce même bien (non-exclusivité).

■ Le bien public peut être consommé par plusieurs citoyens en même temps. C'est pourquoi, le bien public appartient à la fois à tout le monde et à personne.

### L'entretien du domaine public

■ La **gestion et l'entretien des biens publics** sont définis légalement par des décrets, règlements et circulaires répartissant les compétences entre l'État, les régions et les communes.

■ Mais le maintien en état des biens collectifs repose également sur la **responsabilité individuelle du citoyen** qui utilise le bien.

■ **L'entretien des biens publics** comprend non seulement l'entretien des mobiliers, matériels et équipements affectés à une organisation publique, mais aussi l'entretien et la maintenance des **réseaux de voirie** (routes, rues, trottoirs...), du **domaine public fluvial** (rivières navigables, canaux, écluses...), les travaux d'assainissement, d'alimentation en eau potable et d'électrification, etc. La **lutte contre le bruit** et le **traitement des déchets** constituent d'autres champs d'intervention relevant du domaine public.

# LES CARACTÉRISTIQUES DES ORGANISATIONS PUBLIQUES

11

## 1. Les administrations et établissements publics

### Les administrations publiques centrales

■ Les **administrations publiques centrales*** sont constituées de l'État, des ministères et des divers organismes d'administration centrale. Ces organismes regroupent des organismes nationaux spécialisés, **contrôlés et financés majoritairement par l'État**.

■ Il existe une grande **diversité d'organismes d'administration centrale** : le Centre national de la recherche scientifique (CNRS), Pôle emploi, Météo France, l'Institut national de la santé et de la recherche médicale (Inserm)...

### Les administrations publiques locales

■ Les **administrations publiques locales** comprennent les collectivités locales et les organismes divers d'administration locale.

■ Les **collectivités locales** regroupent principalement les **collectivités territoriales*** (communes, départements et régions) et les **groupements de communes** (communautés urbaines, communautés d'agglomérations et communautés de communes) désignés également sous le terme d'**établissement public de coopération intercommunale** (EPCI).

■ Les **organismes d'administration locale** sont composés principalement des établissements publics locaux d'enseignement (lycées) et des chambres consulaires.

### Les administrations de Sécurité sociale

■ Les **administrations de Sécurité sociale** comprennent les régimes obligatoires de base de Sécurité sociale, les établissements de santé (publics et privés participant au service public hospitalier), les régimes obligatoires de retraite complémentaires et le régime d'assurance chômage.

### Les établissements publics

■ Un **établissement public** est une organisation publique disposant d'une **autonomie administrative et financière** pour remplir une mission d'intérêt général sous le contrôle de la collectivité publique dont il dépend (État, région, département ou commune).

■ On distingue les établissements publics administratifs et les établissements publics à caractère industriel ou commercial (EPIC), en fonction de la nature de leur activité.

■ On peut relever une grande **diversité d'établissements publics** : l'Institut national de la consommation (INC), le Louvre, la Cité de la musique, la Comédie-Française, la RATP, la SNCF...

## 2. Les ressources des organisations publiques

### Les ressources financières

■ Compte tenu de la **contrainte budgétaire**, le financement des services publics relève d'un **choix politique entre fiscalisation** (financement par les impôts et taxes) et **paiement d'un prix par l'usager** (financement par la vente du service).

| Type d'organisation publique | Ressources financières |
| --- | --- |
| **Administrations publiques centrales** | *Impôts directs* : sur le revenu et sur les sociétés. *Impôts indirects* : taxe sur la valeur ajoutée (TVA), taxe intérieure sur les produits pétroliers (TIPP). |
| **Administrations publiques locales** | *Impôts locaux* : taxes foncières, taxes d'habitation, taxes professionnelles. |
| **Administrations de Sécurité sociale** | Cotisations sociales et contribution sociale généralisée (CSG) |

### Les ressources humaines

■ Un **fonctionnaire** est un salarié recruté sur concours et détenteur d'un contrat de travail le liant à l'État ou à une collectivité territoriale par un lien de subordination et ouvrant droit à un **traitement** versé en contrepartie d'une prestation de travail contribuant au bon fonctionnement du service public.

| Type d'organisation publique | Organes de gestion |
| --- | --- |
| **Administrations publiques centrales** | Fonctionnaires de l'État recrutés par concours, nommés dans un emploi permanent et titularisés dans un grade. |
| **Administrations publiques locales** | Fonctionnaires territoriaux recrutés et gérés par la collectivité territoriale. |
| **Administrations de Sécurité sociale** | Conseil d'administration composé de façon paritaire par les représentants des assurés sociaux et les représentants des employeurs. |

VOIR AUSSI


- **Les finalités des organisations publiques** *(fiche 10)*
- **Usager ou client du service public ?** *(fiche 12)*


MOTS CLÉS

- **Administrations centrales**
- **Collectivités territoriales**
- **Ressources fiscales et non fiscales**

TESTEZ-VOUS

**A.** Quelle est la caractéristique principale d'une administration centrale ?
**B.** Comment un établissement public est-il financé ?
**C.** Quelles sont les ressources financières d'une commune ?
**D.** Qu'est-ce qu'un fonctionnaire ?

*Corrigés p. 117.*

# USAGER OU CLIENT DU SERVICE PUBLIC ?

12

## 1. L'utilisateur, usager du service public

### L'égalité d'accès au service public

■ Un **usager*** est une personne physique ou morale qui utilise un service public soit de façon **gratuite** soit en acquittant la tarification publique en vigueur. Les usagers sont donc considérés comme les détenteurs d'un **égal droit d'accès aux services publics*** devant être servis uniformément (principe d'égalité).

### Usager et utilisateur

■ Pendant longtemps, les fournisseurs de service public (administrations, collectivités territoriales, entreprises publiques, etc.) ont cherché à garantir les **droits de l'usager des services publics** sans se préoccuper nécessairement des **attentes et des besoins de l'utilisateur**. Ainsi, en tant qu'usagers des services publics, les utilisateurs n'ont été impliqués que très rarement dans la définition et l'évolution des services publics.

## 2. Les changements de l'environnement

### La libéralisation des secteurs publics

■ Peu à peu, sous l'effet conjugué de la libéralisation progressive de certains secteurs publics (eau, énergie, télécommunications), mais aussi en raison d'attentes croissantes des usagers vis-à-vis du service rendu, la logique d'usager s'est progressivement effacée pour laisser la place à une logique de client* « qui achète » des services publics.

■ Ce phénomène est particulièrement visible dans les télécommunications, où le client peut désormais choisir librement l'opérateur de son choix, voire dans l'énergie où la concurrence avec l'opérateur historique EDF-GDF, autrefois monopole public, s'est récemment développée.

### L'ouverture progressive à la concurrence

■ Depuis 2001, cette ouverture graduelle à la concurrence des grands secteurs de services marchands relevant autrefois du monopole s'est effectuée de manière variable selon les secteurs. Au fur et à mesure que le marché* devient concurrentiel, la Commission européenne exerce une vigilance particulière sur les **compensations versées par l'État** à des entreprises publiques ou privées **au titre des obligations de service public.** Il s'agit d'éviter que l'État ne finance excessivement des services d'intérêt

**VOIR AUSSI**

- **Les finalités des organisations publiques** *(fiche 10)*
- **Les caractéristiques des organisations publiques** *(fiche 11)*

**MOTS CLÉS**

- **Service public**
- **Usager**
- **Client**

**TESTEZ-VOUS**

**A.** Qu'est-ce qu'un usager du service public ?
**B.** Qu'est-ce qu'un client d'un service privé ?
**C.** Qu'appelle-t-on le service public « à la française » ?
**D.** Pourquoi peut-on considérer l'usager du service public comme un client ?

*Corrigés p. 117.*

général au moyen **d'aides**, ce qui aurait pour résultat de fausser la concurrence.

## 3. Le débat autour du service d'intérêt général

### La notion de service d'intérêt général

■ La notion de **service d'intérêt général** ou de **service public** fait toujours débat au sein de l'Union européenne. La France souhaite que la Commission européenne prenne une directive afin de déterminer clairement le **statut juridique du service d'intérêt général** dans le droit communautaire.

■ De cette manière, les ambiguïtés pourraient être levées entre les **obligations de service public relevant de l'État** et les services d'intérêt général pouvant faire l'objet d'une **concurrence sur un marché**.

### Service public et concurrence

■ Afin de concilier concurrence et missions de service public, la Commission européenne s'attache désormais à déterminer précisément la **nature des aides d'État compatibles** avec les dispositions du traité instituant la Communauté européenne et plutôt favorables à la concurrence.

## 4. La satisfaction des attentes de l'usager

### La prise en compte des besoins

■ Aujourd'hui, **la qualité de la prestation fournie** devient plus importante que la seule existence du service public. Le service public doit tenir compte de ses usagers et **offrir des prestations différenciées selon leurs besoins** en tant que clients/usagers.

### La remise en cause d'un principe

■ Cependant, considérer l'utilisateur d'un service public exclusivement comme un client, c'est-à-dire une personne qui achète un service destiné à **satisfaire ses besoins individuels**, risque de remettre en question le principe d'égalité devant le service public qui veut que tous les usagers soient **traités de la même manière** et que l'on garantisse à tous les citoyens un **égal accès aux services publics**.

# LES CARACTÉRISTIQUES DES ASSOCIATIONS

13

## 1. La production de services non marchands sans but lucratif

### La finalité d'une association

■ La **finalité d'une association** correspond à sa **mission** indiquée à travers son **objet***. Il s'agit du **but défini dans le cadre d'une assemblée générale** et précisant la vocation de l'association à agir au service de ses adhérents ou pour la défense d'un intérêt collectif ou général.

### La satisfaction des adhérents

■ Les associations sont des **organisations privées à but non lucratif**. Si l'activité d'une association dégage un surplus financier, celui-ci n'est pas converti en bénéfice distribuable, mais réutilisé pour les besoins de l'organisation ou reversé à d'autres organisations.

■ En règle générale, les associations ont pour principale finalité la **satisfaction des besoins individuels** de leurs adhérents par la fourniture de services privés.

### Les missions d'intérêt collectif

■ Les associations peuvent agir également dans le sens du **bien-être** ou **du mieux-être collectif** en fournissant des services à la collectivité pour satisfaire des besoins sociétaux et humanitaires.

■ Les associations ont pour finalité la **satisfaction d'un intérêt collectif** dans des domaines aussi variés que la santé, l'éducation, la justice, la solidarité... Leurs actions auprès des personnes concernées sont ainsi complémentaires de celles des organisations publiques sans qu'il s'agisse pour autant de services publics.

### Les missions d'intérêt général

■ Les associations peuvent remplir des **missions de service public**, c'est-à-dire qu'elles agissent dans **l'intérêt général de la collectivité**, mais sous le **contrôle de l'autorité publique**. Dans ce cas, le service est rendu à la collectivité par **délégation de service public** pour satisfaire des besoins sociétaux solvables ou non.

### Le rôle particulier de l'adhérent

■ Dans une association, l'adhérent est à la fois **utilisateur du service privé** et **fournisseur de ressources** dans la mesure où il doit s'acquitter d'une cotisation pour bénéficier du service proposé.

VOIR AUSSI

- **Les différents types d'associations** *(fiche 14)*

MOTS CLÉS

- **Services aux adhérents**
- **Objet de l'association**
- **Ressources financières**
- **Bénévolat/ salariat**

■ Il peut arriver également que l'adhérent s'engage personnellement dans l'association en **collaborant aux activités proposés** ou en contribuant à son fonctionnement par l'apport de ressources matérielles (ordinateur, véhicule, locaux...).

## 2. Les ressources des associations

### Les ressources financières

■ Il existe une diversité de ressources financières dont l'origine dépend du statut juridique de l'association.

■ De manière générale, les associations tirent leurs ressources financières principales des **cotisations des adhérents**. Ces derniers peuvent également contribuer au financement de l'association par des **apports en espèces**.

■ En fonction du **statut juridique de l'association**, celle-ci peut tirer ses ressources financières* :
- de subventions publiques accordées par l'État et les collectivités locales ;
- d'emprunts auprès des établissements de crédit ;
- de dons, donations et legs des sympathisants ;
- des placements financiers (en bourse ou non boursiers) ;
- des aides des entreprises sous la forme de mécénat ou de parrainage.

### Les ressources humaines

■ Les **membres des organisations à but non lucratif** mobilisent leurs compétences et leur énergie autour d'un **projet commun** qui se concrétise dans l'**objet de l'association** et dans un effort collectif qui se manifeste à travers la **solidarité de ses membres**.

■ Les ressources humaines des associations reposent presque exclusivement sur le **bénévolat des membres**, c'est-à-dire sur un engagement individuel, libre et à titre gratuit, dans une activité en faveur d'autrui.

■ Cependant, lorsqu'une association prend une certaine importance, elle peut employer du **personnel salarié*** à temps plein et doit donc le rémunérer. À ce titre, l'association établit des contrats de travail et doit respecter la **législation du travail** dans les rapports avec ses salariés.

TESTEZ-VOUS

**A.** Quelle est la finalité d'une association ?
**B.** À quoi sert l'objet d'une association ?
**C.** Quelles sont les principales ressources financières d'une association ?
**D.** En quoi consiste le bénévolat ?

*Corrigés p. 117.*

# LES DIFFÉRENTS TYPES D'ASSOCIATIONS

14

## 1. Les associations au sens strict

### Les associations loi 1901

■ La loi de 1901 ne fixe qu'un seul cadre : les associations demeurent **libres de s'organiser** comme elles l'entendent, dès lors que leur objet n'est pas illicite. Selon la loi du 1er juillet 1901, les **associations déclarées** acquièrent la **capacité juridique** et disposent, en qualité de personne morale, de droits étendus : demander des subventions, recevoir des dons, soutenir une action en justice, acheter, louer ou vendre...

■ Les **statuts d'une association** ont donc valeur et force de loi, notamment pour **l'objet de l'association** ainsi que pour son mode de fonctionnement.

■ La **rédaction de statuts** impose de définir préalablement les organes de décisions, la répartition et contrôle des pouvoirs, les modalités de révision des statuts, etc.

■ Les statuts représentent le **contrat de l'association** qui lie les sociétaires entre eux ou vis-à-vis des tiers. Parce qu'ils doivent être joints à la **déclaration de l'association en préfecture**, les statuts deviennent de ce fait obligatoires.

### L'association reconnue d'utilité publique

■ Les associations loi 1901* déclarées peuvent être **reconnues d'utilité publique** par décret en Conseil d'État. Ainsi reconnues, ces associations peuvent recevoir des dons, des donations et des legs. Mais cette reconnaissance officielle confère également une **légitimité** à l'association.

■ L'association reconnue d'utilité publique poursuit toujours un **but d'intérêt général** lié obligatoirement à un domaine social, sanitaire, éducatif, culturel, environnemental, etc. Son influence dépasse le cadre local et le nombre d'adhérents doit être au **minimum de 200**.

### L'association agréée

■ L'**agrément ministériel** constitue une forme de relation privilégiée qu'un ministère entretient avec une association. En contrepartie, l'association doit notamment répondre à un **objet d'intérêt général**, avoir un **fonctionnement démocratique** et transmettre régulièrement des informations sur ses activités à l'autorité publique ayant délivré l'agrément.

VOIR AUSSI

- **Les caractéristiques des associations** *(fiche 13)*

MOTS CLÉS

- **Association loi 1901**
- **Syndicat**
- **ONG**

■ L'agrément permet à l'association de **recevoir des subventions** et garantit aux adhérents que l'association est un **partenaire fiable** des autorités ministérielles.

## 2. Les associations au sens large

### Les syndicats

■ Un **syndicat** est une association ayant pour objectif de défendre les intérêts professionnels et économiques de ses membres et d'obtenir la satisfaction de leurs revendications.

■ Les syndicats se distinguent des partis politiques par leur but qui est **d'améliorer les conditions de travail** (but social) et non pas de gouverner (but politique).

■ Leurs statuts peuvent différer de ceux des associations loi 1901 et être régis par **le Code du travail**. Ainsi, un **syndicat professionnel** est une association de personnes exerçant la même profession, des métiers similaires ou la même profession libérale.

### Les organisations non gouvernementales (ONG)

■ Les ONG* sont une forme particulière d'association (Association de solidarité internationale, ASI). Elles sont juridiquement autonomes et indépendantes du pouvoir politique ou économique.

■ Les ONG défendent à la fois l'**intérêt général** d'une collectivité et les **intérêts collectifs** des citoyens. Leur champ d'action peut être local, régional, national, européen ou international et leurs missions se rattachent aux domaines écologique, humanitaire ou scientifique.

TESTEZ-VOUS

**A.** Quelles sont les caractéristiques d'une association loi 1901 ?
**B.** Qu'apporte un agrément à une association ?
**C.** Quel est le but d'un syndicat ?
**D.** Quelle est la spécificité d'une ONG ?

*Corrigés p. 118.*

# FINALITÉ ET OBJECTIFS STRATÉGIQUES

15

## 1. L'articulation entre finalité et objectifs stratégiques

### La finalité de l'organisation

■ La finalité* d'une organisation correspond à sa **raison d'être** et se situe donc à un **niveau très général**.

■ La finalité d'une organisation se rattache le plus souvent à son **métier** lorsqu'il s'agit d'une entreprise ou à sa **mission** pour les organisations publiques et les associations. Elle reste relativement stable dans le temps et permet de définir les **grandes orientations de l'organisation**.

■ Pour les entreprises, la finalité est d'abord **économique** avant d'être sociale ou sociétale. Pour les organisations publiques, la finalité correspond à un **intérêt général** et se réalise à travers une **politique publique**. Pour les associations, la finalité correspond à leur **objet** tel qu'il est défini dans les statuts.

### Le lien entre finalité et objectifs stratégiques

■ C'est nécessairement à partir de sa finalité qu'une organisation définit ses objectifs stratégiques*, c'est-à-dire les objectifs qui vont engager l'organisation sur le **long terme** et auront une **influence déterminante sur son existence et sa pérennité**.

■ Les objectifs stratégiques* ne sont pas obligatoirement chiffrés, mais la nécessité de vérifier leur réalisation par des résultats impose le plus souvent de les quantifier.

■ Dans certaines situations exceptionnelles, l'impossibilité d'atteindre des objectifs stratégiques peut conduire à remettre en question la finalité de l'organisation.

## 2. La prise en compte des ressources

### Les ressources matérielles et financières

■ Pour fixer des objectifs stratégiques cohérents et réalisables, une organisation doit tenir compte de ses **ressources***, c'est-à-dire des **moyens d'action** qu'elle est capable de mobiliser pour atteindre ses objectifs.

■ Toutes les ressources nécessaires à la réalisation des objectifs stratégiques ne doivent être immédiatement disponibles au sein de l'organisation, mais elles doivent être **accessibles**.

VOIR AUSSI

- **Les caractéristiques d'une organisation** *(fiche 3)*
- **Les effets des décisions stratégiques** *(fiche 17)*

MOTS CLÉS

- **Finalité**
- **Objectifs stratégiques**
- **Ressources**
- **Environnement**

■ Les **ressources matérielles** comprennent tout ce qui est **tangible** et que l'organisation peut exploiter pour produire : les bâtiments, les biens de production, les réseaux et outils informatiques, etc.

■ Les **ressources financières** comprennent tous les moyens financiers que l'organisation peut mobiliser pour acquérir les autres ressources (matérielles et humaines) nécessaires à la réalisation des objectifs stratégiques.

### Les ressources humaines

■ Les ressources humaines sont constituées par l'ensemble des **connaissances**, **savoir-faire et expériences** que l'organisation est capable de mobiliser immédiatement ou dans un avenir proche en fonction de l'échéance fixée pour la réalisation de ses objectifs stratégiques. Les ressources humaines sont à l'origine des **compétences collectives** que détient une organisation et qui peuvent constituer un **atout** ou un **avantage par rapport à la concurrence**.

■ La mobilisation des ressources humaines au service de la réalisation des objectifs stratégiques implique que l'organisation soit capable de **prévoir la nature des emplois et des compétences** dont elle aura besoin dans l'avenir : on parle dans ce cas de gestion prévisionnelle des emplois et des compétences.

TESTEZ-VOUS

**A.** Qu'est-ce que la finalité d'une organisation ?
**B.** Pourquoi les objectifs stratégiques doivent-ils découler de la finalité ?
**C.** Quelles ressources les objectifs doivent-ils d'abord prendre en compte ?
**D.** À quoi sert la veille informationnelle ?

*Corrigés p. 118.*

## 3. Prendre en compte l'environnement

■ Les objectifs stratégiques ne peuvent être fixés sans la prise en compte des **caractéristiques de l'environnement de l'organisation**, et surtout sans que soit anticipé son **évolution**. L'environnement de l'organisation est alors évalué en termes d'**opportunités et de menaces,** et les **changements prévisibles** sont estimés à moyen terme.

■ Ces changements fréquents de l'environnement obligent les organisations à disposer d'informations de qualité pour définir ses objectifs stratégiques et choisir les moyens appropriés à mettre en œuvre pour les atteindre. La **veille informationnelle** consiste à surveiller l'évolution de l'environnement de l'organisation. Elle permet de réduire l'**incertitude et l'imprévisibilité de l'environnement*** et de mieux adapter les objectifs stratégiques aux changements détectés ou anticipés.

# L'ORGANISATION ET SON ENVIRONNEMENT

16

## 1. L'analyse de l'environnement

### La nature de l'environnement

■ L'environnement peut être analysé en fonction de :
- son **degré de complexité** (environnement simple ou complexe) ;
- son **degré de stabilité** (environnement stable ou changeant) ;
- son **degré d'incertitude** (environnement prévisible ou imprévisible).

### Les domaines et les acteurs de l'environnement

■ L'environnement de l'organisation peut être analysé également en fonction des **domaines de l'environnement** (économique, social, juridique, technologique, culturel, démographique, écologique, etc.) ou des **acteurs** qui influencent l'environnement (clients, usagers, associations, pouvoirs publics, syndicats, fournisseurs...).

### Microenvironnement et macroenvironnement

■ Le **microenvironnement*** est un ensemble de sous-environnements qui exercent sur l'organisation une **influence déterminante**, mais que l'organisation peut également influencer. Le microenvironnement comprend plusieurs sous-environnements : environnements commercial, concurrentiel, technologique, etc.

■ Le **macroenvironnement*** d'une organisation est une sphère d'influence directe sur l'organisation sur laquelle celle-ci n'a que peu de pouvoir. Le macroenvironnement est un environnement plus large que le microenvironnement. Il est composé de plusieurs sous-environnements : environnements politique, économique, juridique, démographique, etc.

## 2. L'environnement et l'organisation en interaction

### Des acteurs qui influencent l'organisation

■ L'environnement de l'organisation est composé de nombreux acteurs ou partenaires considérés comme des **parties prenantes** de l'organisation dans la réalisation de ses objectifs stratégiques. Ces acteurs font valoir des **intérêts antagonistes** que l'organisation doit prendre en compte car ils peuvent influencer ses objectifs stratégiques.

■ En fonction de leur pouvoir d'influence et de leur position, ces acteurs peuvent s'organiser en **groupes d'influence** ou **groupes de pression** pour défendre leurs propres intérêts (par exemple, un syndicat professionnel)

**VOIR AUSSI**

- **Information et information imparfaite** *(fiche 18)*

**MOTS CLÉS**

- **Micro-environnement**
- **Macro-environnement**

**TESTEZ-VOUS**

**A.** Comment peut-on analyser l'environnement ?
**B.** Qu'est-ce que le microenvironnement ?
**C.** Qu'est-ce que le macroenvironnement ?
**D.** En quoi l'environnement est-il source de contraintes et d'opportunités ?

*Corrigés p. 118.*

ou des intérêts plus généraux (par exemple une ONG ou une association humanitaire).

## Une source d'opportunités pour l'organisation

■ L'environnement est une **source d'opportunités** pour l'organisation, c'est-à-dire que celle-ci peut profiter d'une évolution de l'environnement et en tirer un **avantage pour son développement**, immédiatement ou dans un avenir proche. Ainsi, une nouvelle législation sur des normes antipollution peut ouvrir un nouveau marché à une PME spécialisée dans le traitement des déchets.

## Une source de contraintes pour l'organisation

■ L'environnement est également une **source de contraintes** pour l'organisation quand l'évolution de l'environnement apparaît comme une **menace** ou une **contrainte** pour le développement ou la pérennité de l'organisation. Ainsi, une entreprise de restauration peut être contrainte de s'adapter à une règlementation plus stricte en matière de traçabilité et de conservation des produits alimentaires.

## Des actions sur l'environnement

■ Les organisations peuvent à leur tour exercer des **actions positives** sur leur environnement. Les organisations privées, comme les entreprises, peuvent jouer un rôle important dans la vie locale d'une commune, d'un département ou d'une région en créant ou en sauvegardant des emplois. De même, les **associations humanitaires** améliorent considérablement la **qualité de vie** des personnes les plus démunies ou en situation de précarité.

■ Les organisations peuvent **agir négativement** sur leur environnement, le plus souvent en portant atteinte à son **équilibre écologique** (nuisances, pollution, accidents industriels…) ou à son **équilibre social** (chômage technique, licenciement économique…).

# LES EFFETS DES DÉCISIONS STRATÉGIQUES

17

## 1. L'influence des décisions stratégiques sur l'offre de l'organisation

### La prise de décision

■ Une décision correspond à une situation de **choix face à une multitude d'alternatives**. Décider, c'est choisir une action matériellement réalisable. Dans une organisation, les décisions sont prises dans le **cadre d'objectifs** préalablement fixés et en tenant compte des contraintes qui s'imposent au moment de décider.

### Les décisions stratégiques

■ Une décision stratégique est une décision relative à la **stratégie de l'organisation**. Elle est caractérisée par :
- une influence déterminante sur l'existence et la pérennité de l'organisation ;
- un niveau de décision hiérarchique supérieur (dirigeant, président, équipe dirigeante…) ;
- un caractère exceptionnel ou unique et irréversible (il est très difficile de la remettre en question).

### Les décisions opérationnelles

■ La décision opérationnelle est une décision relative à la **gestion des ressources de l'organisation**. Son influence est déterminante sur la **performance de l'organisation** puisqu'il s'agit d'optimiser la gestion des ressources à mettre en œuvre pour réaliser la stratégie.

■ Les décisions opérationnelles sont prises par l'encadrement et les managers de niveau hiérarchique intermédiaire. Elles ont un caractère **périodique ou cyclique** et sont parfois programmables.

### L'articulation entre décisions stratégiques et décisions opérationnelles

■ Les **décisions stratégiques*** portent sur les orientations de l'organisation, ses objectifs à long terme et ses stratégies. Pour conduire et suivre la réalisation de la stratégie (on parle de pilotage), les décisions stratégiques concernent également le système de contrôle des résultats et le choix de la structure organisationnelle la mieux adaptée.

■ Les décisions opérationnelles ont pour but de concrétiser les décisions stratégiques et de les rendre compréhensibles et réalisables auprès de tous les membres de l'organisation.

## 2. La détermination de l'offre de l'organisation

### L'offre de biens et de services marchands

■ Un **produit*** est une réponse à un besoin individuel ou collectif, exprimé ou supposé. Quand le produit est matériel et tangible, c'est un **bien***. Quand le produit est immatériel, c'est un **service***.

■ Pour satisfaire les besoins économiques et sociaux, deux logiques dominent : une **logique marchande** qui s'exprime à travers l'**économie de marché,** et une **logique non marchande** qui se réalise **en dehors du marché**.

■ La **satisfaction des besoins individuels** se réalise à travers une demande sur le marché des biens et services où les **entreprises privées et publiques** proposent leur production, appelée **offre***, en échange d'un paiement. Ainsi, les décisions stratégiques peuvent se traduire, dans une entreprise, par une nouvelle offre lui permettant de se différencier de ses concurrents et d'élargir son marché*.

### L'offre de services non marchands

■ La satisfaction des besoins sociétaux des citoyens se réalise en dehors du marché sous l'autorité et le contrôle des organisations publiques.

■ L'offre comprend des services destinés à satisfaire les **besoins fondamentaux** de la vie en société (santé, éducation, sécurité). Ils sont toujours mis en œuvre dans un souci d'un **intérêt général** dans le cadre de **missions de service public**.

■ La **satisfaction de besoins spécifiques** à certains individus ou groupes d'individus se réalise également par l'intermédiaire des **organismes privés à but non lucratif** dont la mission première est de fournir un **service particulier** à leurs adhérents.

■ **L'articulation entre décision stratégique et offre** est pertinente pour les organisations publiques. Ainsi, une commune peut décider de renouveler son offre culturelle (cinéma, expositions, conférences...) à la suite d'une demande des usagers. De même, une ONG peut décider d'élargir son offre d'interventions humanitaires pour couvrir un champ d'action géographique plus étendu ou intervenir auprès de populations jusque-là non protégées.

**VOIR AUSSI**


- **L'évaluation des décisions stratégiques** *(fiche 20)*
- **L'adaptation des décisions stratégiques** *(fiche 21)*


**MOTS CLÉS**

- **Décisions stratégiques**
- **Produit**
- **Offre**
- **Marché**
- **Bien**
- **Service**

**TESTEZ-VOUS**

**A.** Sur quoi portent les décisions stratégiques ?
**B.** Sur quoi portent les décisions opérationnelles ?
**C.** Qu'est-ce qu'une offre marchande ?
**D.** Existe-t-il une offre non marchande ?

*Corrigés p. 118.*

# INFORMATION ET INFORMATION IMPARFAITE

18

## 1. Le contexte de la décision stratégique

### La prise en compte des facteurs de contingence

■ Une décision stratégique est toujours prise **à un moment donné,** dans des **circonstances particulières et incertaines**. C'est pourquoi une décision stratégique ne doit pas être considérée comme étant la meilleure, mais plutôt comme étant **la plus satisfaisante compte tenu de son contexte**.

■ Par conséquent, pour juger après coup une décision stratégique qui a été prise à un instant donné, il faut nécessairement se replacer dans son contexte pour analyser les **circonstances de la décision** et les **facteurs de contingence*** qui l'ont influencée.

■ De nombreux facteurs de contingence déterminent la décision stratégique : caractéristiques de l'organisation, technologie utilisée, nature des relations entre les membres, structure hiérarchique, diffusion de l'information et du pouvoir, contraintes légales, intérêts et influence des parties prenantes extérieures, etc.

### L'influence des acteurs

■ Parmi les facteurs de contingence qui agissent sur la prise de décision stratégique, l'**influence des parties prenantes** de l'organisation est un facteur déterminant.

■ En effet, une organisation est constituée d'un ensemble d'**acteurs internes et externes aux intérêts divergents** qui cherchent à influencer les décisions stratégiques dans un sens qui leur soit favorable. Les décisions stratégiques résultent alors de **négociations**, de **compromis** ou d'**accords** plus ou moins formels entre ces groupes d'acteurs qui n'ont pas les mêmes intérêts.

### L'existence d'une information imparfaite

■ Les décisions stratégiques sont prises en situations **d'informations imparfaites**, c'est-à-dire dans des situations d'**absence d'informations**, d'**informations incomplètes ou imprécises**, ou encore d'**informations erronées ou fausses**. C'est le comportement inattendu des clients ou des usagers, la réaction imprévisible des concurrents, un changement brusque de météo, etc. Une organisation doit donc se tenir prête à **réagir en temps réel** à des événements imprévus : on parle de **réactivité de l'organisation** et de ses membres face à l'environnement.

VOIR AUSSI

- **Finalité et objectifs stratégiques** *(fiche 15)*
- **L'organisation et son environnement** *(fiche 16)*

MOTS CLÉS

- **Information imparfaite**
- **Facteurs de contingence**
- **Stratégie globale**
- **Métier, mission**
- **Domaine d'activités stratégiques**

TESTEZ-VOUS

**A.** Quels facteurs de contingence influencent les décisions stratégiques ?
**B.** Qu'est-ce qu'une information imparfaite ?
**C.** Sur quoi portent les décisions de stratégie globale ?
**D.** Qu'appelle-t-on un domaine d'activités stratégiques ?

*Corrigés p. 118.*

## 2. Les niveaux de la décision stratégique

### Les décisions stratégiques au niveau global

■ Les décisions stratégiques sont déterminées à la fois au **niveau global de l'organisation** et au niveau de chacun de ses **métiers**, **missions** ou **domaines d'activités** quand celle-ci en comprend plusieurs.

■ Les décisions stratégiques définies au niveau global s'appliquent à toutes les activités ou les domaines de l'organisation. Les décisions stratégiques forment alors la **stratégie globale* de l'organisation**.

### Les décisions stratégiques par métiers

■ Les décisions stratégiques d'une entreprise concernent le développement de son ou ses **métiers*** qui résultent d'une combinaison de savoir-faire, de compétences et d'expériences particulièrement adaptés à un ou plusieurs marchés. Les métiers de l'entreprise sont rattachés le plus souvent à ses **domaines d'activités** qui regroupent des **compétences et des ressources spécifiques**. Ces domaines d'activités sont également caractérisés par l'existence d'une **clientèle aux besoins et attentes spécifiques**.

■ Ainsi, les décisions stratégiques d'une entreprise peuvent être déclinées par **métiers** ou par **domaines d'activités***. Les décisions stratégiques s'appliquent alors à un **ensemble d'activités** nécessitant des compétences et des ressources spécifiques mobilisées pour développer une **offre distincte** destinée à une partie du marché appelée **segment de marché**.

### Les décisions stratégiques par missions

■ Pour une organisation publique, les décisions stratégiques prennent appui sur la ou les **missions*** qu'elles se sont fixées. La mission est une **grande politique publique** exercée dans le cadre de l'**intérêt général** et correspondant à des **finalités non lucratives**. Une **mission publique nationale** est définie par l'État tandis qu'une **mission publique locale** est mise en place par une collectivité territoriale conformément aux intérêts généraux de l'État.

■ Pour une association, une mission correspond à son **objet ou son but**, précisé dans le cadre d'une **assemblée générale** et précisant la vocation de l'association à agir au service de ses adhérents ou pour la défense d'un intérêt collectif ou général.

# PLANIFICATION STRATÉGIQUE ET STRATÉGIE ÉMERGENTE

19

## 1. La planification stratégique

### La stratégie planifiée

■ Le **processus de décision stratégique*** consiste, pour une organisation, à définir successivement ce qu'elle sait faire, ce qu'elle veut faire et comment elle veut le faire. Cette séquence de trois phases successives aboutit logiquement au **choix stratégique** proprement dit, qui précède la mise en œuvre de la stratégie.

■ Lorsqu'une organisation **planifie sa stratégie**, cela signifie qu'elle suit scrupuleusement ces différentes étapes de façon que la stratégie choisie délibérément ne laisse pas de place à l'incertitude ou à l'approximation.

■ La **planification stratégique*** peut être définie comme un **processus formalisé** de choix et de mise en œuvre des décisions stratégiques. Il s'agit donc d'une **démarche méthodique** visant à la conception, à l'élaboration et à la réalisation de plans stratégiques.

■ Le but est de ne pas s'écarter de ce **choix rationnel** et de respecter parfaitement les plans stratégiques fixés. Le **contrôle stratégique** consiste à s'assurer que la **stratégie délibérée** ou **intentionnelle** se réalise conformément au plan stratégique.

### Le déploiement stratégique

■ Le **plan stratégique** récapitule les grandes orientations que l'organisation souhaite engager sur le long terme et prévoit précisément les moyens à mettre en œuvre pour réaliser la stratégie.

■ Le plan stratégique donne lieu aux niveaux hiérarchiques intermédiaires à l'édition de **plans d'action opérationnels**. Ces plans opérationnels sont chiffrés et traduits sous la forme de **budgets** qui concrétisent finalement les décisions stratégiques.

## 2. La stratégie émergente

### Les limites de la planification stratégique

■ Dans les années 1990, les principes de la planification stratégique fondés sur la prévision et la formalisation de la stratégie ont été remis en cause en raison du **caractère fortement imprévisible de l'environnement** des organisations. En effet, alors que la planification stratégique suppose une relative stabilité du contexte de mise en œuvre de la stratégie, les années 1990 sont marquées par des **changements fréquents qui affectent l'environnement** et le rendent instable et imprévisible.

■ La **stratégie émergente** est une stratégie qui se construit progressivement dans un **flux continu d'actions** qui prennent en compte la **réalité de l'environnement**.

## L'adaptation à l'environnement

■ Dans la réalité, le processus de décision stratégique et la mise en œuvre de la stratégie sont influencés par de multiples **facteurs de contingence*** :
- les ressources et les compétences de l'organisation non disponibles et mobilisables à trop long terme ;
- l'instabilité et l'imprévisibilité de l'environnement ;
- l'influence des acteurs internes et externes qui agissent en contre-pouvoirs, etc.

■ Ces phénomènes gênent désormais la réalisation de la stratégie conformément à un plan préalablement établi. Ainsi, la **stratégie émergente*** résulte de la prise en compte des opportunités ou des contraintes de l'environnement qui remettent partiellement en cause la stratégie prévue et planifiée.

### La planification stratégique

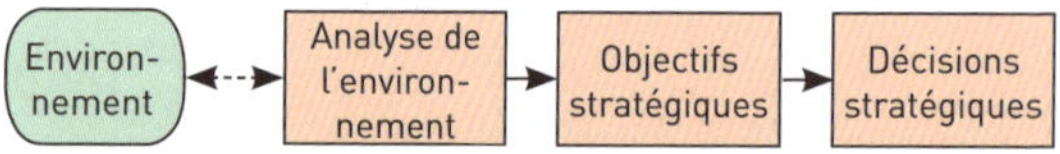


### La stratégie émergente

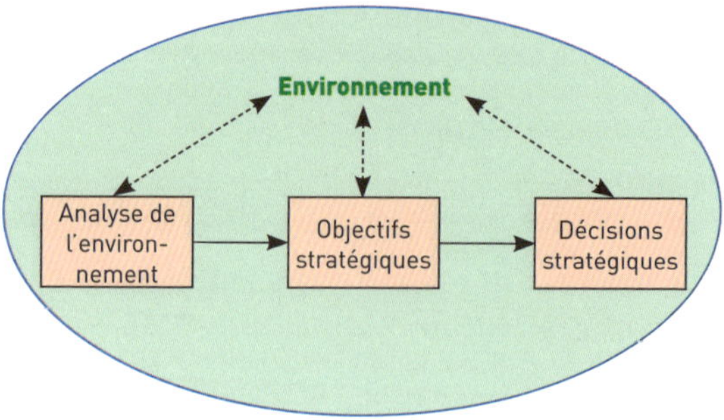


**VOIR AUSSI**

- **L'organisation et son environnement** *(fiche 16)*
- **Information et information imparfaite** *(fiche 18)*
- **L'adaptation des décisions stratégiques** *(fiche 21)*

**MOTS CLÉS**

- **Planification stratégique**
- **Stratégie émergente**
- **Facteurs de contingence**

**TESTEZ-VOUS**

**A.** Qu'est-ce qu'une stratégie planifiée ?
**B.** En quoi consiste un plan stratégique ?
**C.** Quels facteurs de contingence influencent la stratégie ?
**D.** Pourquoi la stratégie émergente est-elle plus adaptée ?

*Corrigés p. 118.*

# L'ÉVALUATION DES DÉCISIONS STRATÉGIQUES

20

## 1. L'efficacité des décisions stratégiques

### L'objet du contrôle stratégique

■ Le **contrôle stratégique*** a pour vocation de vérifier que les efforts déployés par l'organisation concourent efficacement à la **réalisation des objectifs stratégiques**. En raison de l'incertitude liée à la réalisation de la stratégie (caractère imprévisible de l'environnement, écart entre la formulation des choix stratégiques et les résultats effectifs, disponibilité durable des ressources, adaptation de la structure, etc.), celle-ci réclame toujours un **contrôle tout au long du processus de décision stratégique**.

### La performance de l'organisation

■ La **performance* d'une organisation** correspond à la capacité de ses membres d'atteindre les objectifs stratégiques fixés. Une organisation efficace est une organisation qui entreprend des actions stratégiques et les **mène à leur terme avec succès**, c'est-à-dire conformément aux objectifs donnés. Mais la performance suppose également que les moyens utilisés pour mener ces actions à leur terme soient exploités avec un souci **d'économie, de rentabilité et de protection**.

## 2. Les critères d'évaluation des décisions stratégiques

### Les critères quantitatifs d'évaluation

■ Les **critères quantitatifs** sont des **critères objectifs** qui regroupent principalement des indicateurs permettant de **mesurer des résultats** : chiffre d'affaires, parts de marché, nombre d'adhérents d'une association, nombre d'ouvrages d'une bibliothèque municipale, etc.

■ Les **indicateurs économiques** s'appliquent principalement aux entreprises. Ainsi, la **productivité*** mesure l'efficacité d'un ou de plusieurs facteurs de production. De même, la **rentabilité** mesure le rapport entre les résultats obtenus et le montant des moyens matériels et financiers mobilisés pour les obtenir.

■ Pour une organisation publique, la **performance publique** peut être évaluée à partir d'**indicateurs quantitatifs** comme le coût kilométrique de construction des routes, le taux de déclaration et de paiement des impôts, le pourcentage des contrôles réprimant les fraudes, les frais de personnels rapportés aux dépenses, le coût d'un examen par candidat présent, etc.

VOIR AUSSI

- **Les effets des décisions stratégiques** *(fiche 17)*
- **L'adaptation des décisions stratégiques** *(fiche 21)*
- **Système d'information et décision stratégique** *(fiche 22)*

MOTS CLÉS

- **Contrôle stratégique**
- **Critères quantitatifs et qualitatifs**
- **Veille stratégique**

TESTEZ-VOUS

**A.** Sur quoi porte le contrôle stratégique ?
**B.** Qu'appelle-t-on la performance d'une organisation ?
**C.** Comment mesurer la performance d'une organisation ?
**D.** À quoi sert la veille stratégique ?

*Corrigés p. 118.*

### Les critères qualitatifs d'évaluation

■ Les **critères qualitatifs** sont des **critères subjectifs** qui regroupent des indicateurs permettant d'évaluer les **conséquences internes et surtout externes des décisions stratégiques**, c'est-à-dire leurs effets sur les individus, la société et l'environnement en général.

■ Ces critères évaluent donc la **performance environnementale et sociétale** des organisations et notamment des entreprises.

■ Pour les **organisations publiques**, les **indicateurs qualitatifs** permettent d'évaluer à la fois la **performance publique** et la **satisfaction des usagers** afin de faire évoluer les services publics dans le sens d'une meilleure efficacité.

## 3. La nécessité d'une veille stratégique

### Un outil du pilotage stratégique

■ Le **contrôle stratégique** est un **outil de pilotage** dynamique de l'organisation. Pour s'assurer que les décisions stratégiques restent adaptées à l'évolution de l'environnement et aux attentes des acteurs de l'organisation, il s'avère nécessaire de vérifier régulièrement que les **résultats intermédiaires** sont conformes aux objectifs fixés.

■ C'est le rôle de la **veille stratégique*** de suivre les résultats et d'apporter, si nécessaire et le plus rapidement possible, des actions correctrices. La veille stratégique s'appuie le plus souvent sur des **tableaux de bord** qui regroupent une diversité d'indicateurs de mesure choisis à partir de critères quantitatifs et qualitatifs.

### Un atout stratégique

■ La **veille stratégique** est un **atout stratégique** pour une organisation car elle permet d'anticiper les **changements de l'environnement** qui peuvent affecter son fonctionnement ou sa performance. Cette veille permet également à l'organisation d'être plus **réactive** aux attentes des clients, des usagers ou des adhérents.

# L'ADAPTATION DES DÉCISIONS STRATÉGIQUES

21

## 1. Les effets du contrôle stratégique*

### L'analyse des résultats

■ Ce ne sont pas les résultats définitifs qui font l'objet d'un relevé et d'une analyse, mais bien les résultats intermédiaires, c'est-à-dire ceux que l'organisation obtient à mesure que la stratégie se déploie et que les objectifs stratégiques se réalisent à travers les actions opérationnelles.

■ L'analyse de ces résultats chiffrés rend nécessaire l'utilisation d'**outils de suivi des actions stratégiques**. Ces outils prennent la forme de **tableaux de bord** qui permettent de vérifier l'**exécution des plans stratégiques**.

### Des outils de pilotage stratégique

■ Une stratégie n'est jamais le résultat exact et attendu d'objectifs stratégiques rationnellement définis et réalisés. La stratégie d'une organisation résulte toujours d'un **ensemble d'hypothèses et d'actions** qui interagissent entre eux. Les tableaux de bord permettent de visualiser **les effets des actions**, et le cas échéant de corriger les actions mises en place. De la même manière, ils permettent la **mise en relation des différents indicateurs** pour établir des relations de causes à effets entre les résultats obtenus dans les différents domaines suivis.

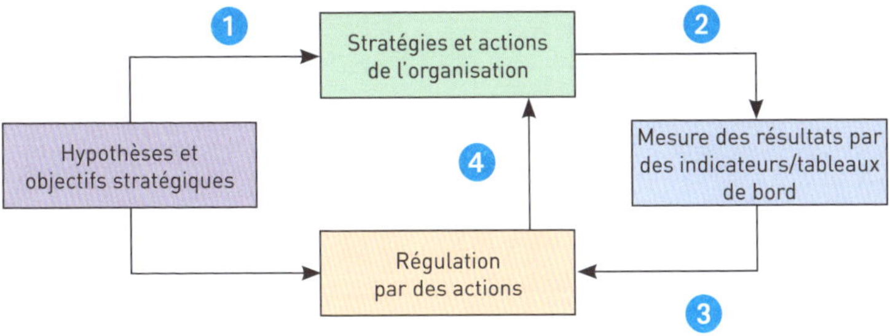

## 2. La mise en place d'actions correctrices

### Un processus d'alerte et de régulation

■ La capacité d'une organisation à déclencher au moment opportun des actions correctrices pertinentes et efficaces dépend de l'existence d'un **processus d'alerte et de régulation**.

■ Le système d'information ne suffit pas à lui seul pour autoriser le déclenchement des actions correctrices. Il faut en effet une cohérence globale (des relations logiques) dans **l'articulation des différentes activités de l'organisation**.

■ Dans les entreprises, cet **enchaînement logique des activités** mis en œuvre dans des processus doit permettre « **la traçabilité du produit** », c'est-à-dire la possibilité, à tout moment, de savoir où se trouve le produit dans la chaîne logistique (de l'achat des matières premières à la distribution du produit pour une entreprise).

### Le rôle des PGI au niveau opérationnel

■ Certaines organisations (principalement les entreprises) disposent également de **progiciels de gestion intégrés (PGI)**, composés de modules informatiques qui permettent la **traçabilité du produit**, de sa conception à sa distribution. L'organisation peut alors surveiller l'ensemble des données concernant les flux physiques et les flux d'informations qui lient les fournisseurs aux clients et **réagir rapidement pour procéder aux adaptations nécessaires**.

**VOIR AUSSI**


- **Les effets des décisions stratégiques** *(fiche 17)*
- **L'évaluation des décisions stratégiques** *(fiche 20)*


**MOTS CLÉS**

- **Contrôle stratégique**
- **Actions correctrices**

**TESTEZ-VOUS**

**A.** Pourquoi contrôler les résultats intermédiaires ?
**B.** À quoi servent les tableaux de bord ?
**C.** Qu'est-ce qu'un processus de régulation ?
**D.** Qu'apporte un PGI dans un processus de régulation ?

*Corrigés p. 118.*

# SYSTÈME D'INFORMATION ET DÉCISION STRATÉGIQUE

22

## 1. Les composantes du système d'information

### Définition du système d'information (SI)

■ Le **système d'information*** (SI) d'une organisation est un **ensemble organisé de ressources** (matérielles, logicielles, humaines), de **données** et de **procédures** permettant aux différents acteurs de l'organisation d'accéder à l'information et de l'échanger. Le SI ne doit pas être confondu avec le système informatique qui n'en est qu'une composante.

### Le rôle fondamental du système d'information

■ Le but principal d'un SI est de transformer des données brutes en **informations utiles pour la prise de décision**. L'efficacité du SI d'une organisation ne tient pas à la quantité d'informations disponibles, mais plutôt à la **qualité des informations** mesurée en termes de pertinence, de fiabilité, d'accessibilité, d'actualité, etc.

■ Un **SI de qualité*** est un système qui permet de fournir des **informations de qualité** à partir desquelles pourront être prises, en toute confiance, les **décisions stratégiques**.

## 2. Un outil de diffusion des objectifs stratégiques

### Le SI utile au fonctionnement de l'organisation

■ Au sein de l'organisation, le SI doit contribuer à **relayer les informations utiles** à tous les échelons hiérarchiques. Un SI efficace fournit à chacun des membres de l'organisation l'information voulue, en temps voulu, à l'endroit voulu.

### La mise en action de la stratégie

■ Le SI permet aux membres de l'organisation de savoir quelles sont les **grandes orientations de l'organisation**. En ce sens, le SI est un outil de diffusion des **objectifs stratégiques** qui seront partagés par les membres de l'organisation et transformés ensuite en **objectifs opérationnels**. Les objectifs diffusés forment la base des actions, des activités et des tâches de l'organisation.

### La réduction de l'incertitude

■ La mise en place d'un système d'information fiable est indispensable afin de **réduire l'incertitude** et de limiter la prise de décision stratégique en **situation d'information imparfaite**.

VOIR AUSSI

- **L'organisation et son environnement** *(fiche 16)*
- **Information et information imparfaite** *(fiche 18)*
- **Planification stratégique et stratégie émergente** *(fiche 19)*

MOTS CLÉS

- **Système d'information (SI)**
- **Qualités du SI**
- **Aide à la décision**

TESTEZ-VOUS

**A.** Pourquoi un SI ne se limite pas à un système informatique ?
**B.** Peut-on considérer le SI comme un outil stratégique ?
**C.** En quoi le SI est-il une source de création de valeur ?
**D.** Comment doit-on utiliser un SI pour davantage d'efficacité ?

*Corrigés p. 118.*

■ Un système d'information fiable doit donc permettre aux décideurs d'avoir une connaissance la plus précise et complète de l'organisation et de **son environnement**.

### L'adaptation de la stratégie

■ Le SI est également un **moyen de transmission des résultats** à l'attention des décideurs. Il leur permet d'obtenir, le plus souvent sous la forme de **tableaux de bord**, les informations nécessaires au **pilotage stratégique** de l'organisation.

■ Le SI garantit ainsi aux décideurs de pouvoir prendre rapidement les mesures nécessaires pour **corriger les écarts constatés** par rapport aux objectifs stratégiques.

## 3. Une source d'avantage concurrentiel et de création de valeur

### Un atout concurrentiel

■ Le SI peut constituer en lui-même un **avantage concurrentiel** pour l'organisation. En effet, la maîtrise de l'information permet à une organisation de **réagir rapidement et efficacement** face à ses concurrents.

■ Par ailleurs, grâce à son SI, une organisation envoie aux acteurs de l'environnement des **informations sur l'organisation elle-même**. Ces informations sont autant de signaux sur sa **performance**, ce qui constitue un facteur d'implication et de motivation.

### Une source de création de valeur

■ Parce qu'il est générateur de compétitivité pour les entreprises, le SI est une source de création de valeur pour l'ensemble des parties prenantes. La **veille informationnelle** accroît l'efficacité du SI parce qu'elle permet d'**anticiper les changements environnementaux**.

### Les conditions d'efficacité du SI

■ Les choix stratégiques reposent toujours sur l'**interprétation des informations fournies** par le SI et non sur la nature du SI lui-même. Ils ne découlent pas **automatiquement de la production d'informations quantitatives**, répétitives et standardisées. Ils résultent au contraire d'une **exploitation pertinente et réfléchie des informations** fournies par le SI, associée à une connaissance intuitive de l'organisation et de son environnement.

# LES MODES DE PRODUCTION

23

## 1. Le choix des modes de production

### La distinction entre bien et service

■ Un produit est une réponse à un besoin individuel ou collectif, exprimé ou supposé. Le produit peut être matériel et tangible : c'est un bien* ; mais il peut être immatériel : c'est un service*. Produire, c'est donc réaliser une offre de biens ou de services.

### Biens et services marchands ou non-marchands

■ La satisfaction des besoins des ménages est assurée par la consommation de **biens et services marchands** offerts par les entreprises en contrepartie d'un paiement.

■ La satisfaction des besoins des ménages est obtenue également par la consommation de **services non-marchands** essentiellement fournis en dehors du marché par les administrations publiques ou les organisations privées à but non lucratif.

## 2. Les modes de production

### Système et mode de production

■ Un **système de production** coordonne l'ensemble des **ressources nécessaires à la production** de biens et de services : matières premières, personnes, machines...

■ Le mode de production est la manière dont les ressources sont réparties et agencées pour produire.

### Le cas particulier des services

■ Les services ont un processus de production différent des biens en raison de leurs spécificités : le **client ou l'usager du service participe plus ou moins directement au processus de production**. Sa présence est une condition de l'existence du service. Si, par exemple, aucune personne n'emprunte le bus, il n'existe pas de service de transport de passagers...

### Trois modes de fabrication

■ La **fabrication à l'unité*** consiste à fabriquer **chaque produit séparément** en suivant un certain nombre d'étapes hautement spécialisées : produit artisanal sur commande (meuble, vêtement de luxe...), produit de grande taille très technique (pont, avion...), etc.

**VOIR AUSSI**

- **L'externalisation de la production** *(fiche 24)*

**MOTS CLÉS**

- **Fabrication à l'unité, en série, en continu**
- **Production de biens, production de services**
- **Flux tendus, flux poussés**

■ La **fabrication en série*** (petite ou grande série) consiste à fabriquer, de **façon identique** et **en grand nombre**, un produit standardisé, selon des étapes également standardisées (machines-outils, automobiles, conserves alimentaires, logiciels…).

■ La **fabrication en continu*** consiste en un flux ininterrompu de produits réalisés suivant un processus constant (gasoil, électricité, acier, béton…). Le choix du mode de fabrication dépend de la **nature du produit** et du **volume à produire**.

## 3. La gestion des flux logistiques

### La gestion en flux tendus

■ Une **gestion de la production en flux tendus*** repose sur la demande plutôt que sur la capacité. Les pièces détachées nécessaires arrivent sur la chaîne de fabrication **juste au moment** où elles sont requises (« juste-à-temps »), ce qui permet de **réduire au minimum les stocks** de pièces et de produits finis : produire ce qui est nécessaire, quand cela est nécessaire et pour la quantité nécessaire.

### La gestion en flux poussés

■ La **gestion de la production en flux poussés*** consiste à réaliser la production en « poussant » les produits dans la chaîne de fabrication pour **constituer un stock** destiné à satisfaire une demande qui est anticipée à partir de l'état du marché.

**Les modes de production**

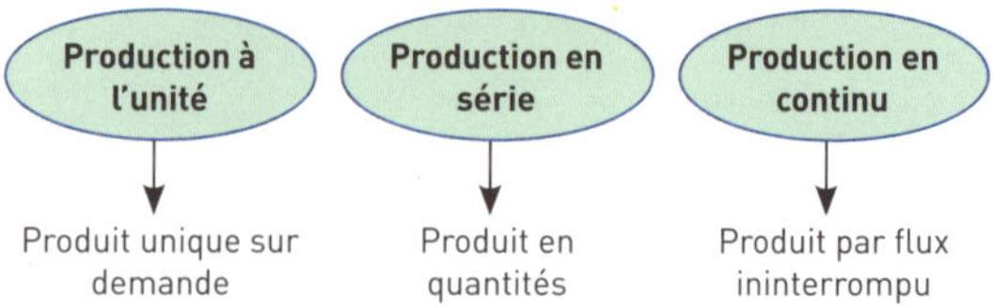


**La gestion des flux de production**

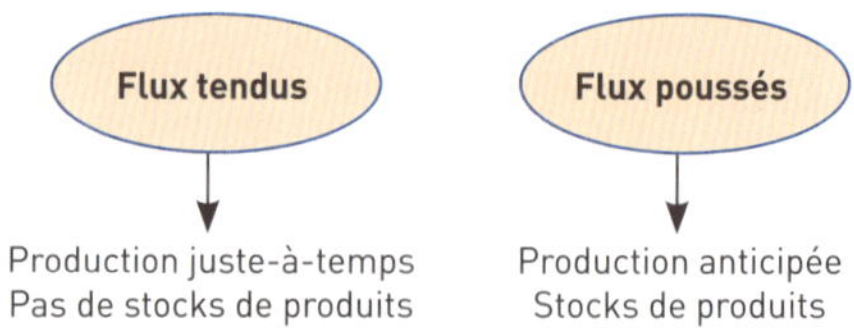


**TESTEZ-VOUS**

**A.** Quelles catégories de biens une organisation peut-elle produire ?
**B.** Quels sont les trois grands modes de production ?
**C.** En quoi consiste la production en flux tendus ?
**D.** En quoi consiste la production en flux poussés ?

*Corrigés p. 118.*

# L'EXTERNALISATION DE LA PRODUCTION

24

## 1. Le choix d'externaliser la production

### Définition de l'externalisation

■ Une organisation a comme alternative de « **faire ou de faire faire** » sa production. Si elle choisit de « faire faire », on parle d'**externalisation*** ou encore d'impartition. L'externalisation désigne la décision prise par une organisation de **recourir à un prestataire extérieur**, pour faire faire tout ou partie de sa production, souvent dans une perspective de long terme.

### Les raisons d'externaliser la production

■ Les raisons majeures qui motivent l'externalisation de la production sont l'**acquisition de capacités de production supplémentaires** et la **réduction des coûts de production** grâce à des coûts salariaux plus faibles.

■ Une organisation peut externaliser sa production pour tirer parti des **avantages logistiques** offerts par la situation géographique du pays en termes de **réduction des coûts d'acheminement des matières premières** nécessaires à la production.

■ Une organisation peut décider d'externaliser sa production pour fabriquer les biens là où se situent ses clients et réduire ainsi **ses coûts de distribution**.

■ Dans certains cas, l'externalisation permet à une organisation d'accéder à de **nouveaux marchés** par le biais de son prestataire extérieur qui connaît mieux les **besoins des clients potentiels**.

## 2. Les modalités de l'externalisation

### Les formes de la sous-traitance

■ La forme la plus répandue d'externalisation est la **sous-traitance** qui met en relation contractuelle une entreprise appelée **donneur d'ordre** et une ou plusieurs autres entreprises appelées **sous-traitants**. Pour les activités de service public on parle plutôt de **délégation de service public** à la place de sous-traitance.

■ La **sous-traitance de capacité** est requise lorsque l'organisation donneur d'ordre est dans l'incapacité de répondre, à un moment donné et pendant une certaine durée, à des flux de commandes (et donc de production) supplémentaires.

VOIR AUSSI

• **Les modes de production** *(fiche 23)*

MOTS CLÉS

• **Qualité de production**
• **Démarche qualité**
• **Normes de qualité**
• **Qualité des services publics**

■ La **sous-traitance de spécialité** est un recours quand l'organisation donneur d'ordre ne dispose pas du savoir-faire nécessaire pour fabriquer le produit ou réaliser la prestation.

■ La **sous-traitance de marché** est exploitée quand une organisation (presque toujours une entreprise) confie à une autre organisation (entreprise en fait) l'exécution d'un marché qu'elle a conclu avec un maître d'ouvrage. Ce type de collaboration met en relation trois acteurs : le maître de l'ouvrage, l'entrepreneur principal et l'entreprise sous-traitante.

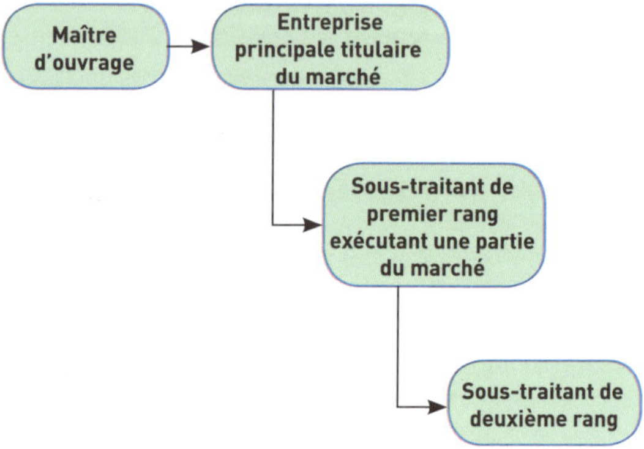


TESTEZ-VOUS

**A.** Pour quelles raisons principales une organisation externalise-t-elle sa production ?
**B.** Quelles sont les trois formes de la sous-traitance ?
**C.** Comment appelle-t-on l'organisation qui a recours à un sous-traitant ?
**D.** Quels sont les avantages économiques de la sous-traitance ?

*Corrigés p. 118.*

## Les avantages de la sous-traitance

■ La sous-traitance est une **source de flexibilité** pour l'organisation donneur d'ordre car elle lui permet de répondre immédiatement à une augmentation de la demande sans avoir à investir dans de nouveaux biens de production.

■ La sous-traitance est une **source de d'innovation*** car elle permet de **conjuguer les compétences** des organisations et facilite ainsi les transferts de technologies et la diffusion des innovations.

■ La sous-traitance est une **source de productivité** car elle évite les investissements qui nécessitent toujours un temps d'apprentissage et donc de formation pour être effectivement productifs et rentables.

■ La sous-traitance est une **source d'économies** et de **compétitivité** car elle permet d'obtenir des coûts de main-d'œuvre et de production moins élevés, ce qui permet de diminuer le coût de revient de la production favorisant ainsi la **compétitivité prix** sur le marché.

# LES ENJEUX DE LA QUALITÉ

25

## 1. Le rôle de la qualité de la production

### La qualité du produit

■ La qualité d'un bien ou d'un service peut être définie comme son **aptitude à satisfaire correctement les besoins des utilisateurs**.

■ La qualité est un élément déterminant de la **performance d'une organisation**. C'est un indicateur essentiel pour l'évaluation des résultats qui ne doit pas être limitée à la seule dimension quantitative.

■ La qualité peut être évaluée à l'aide de :
- **critères objectifs** : un contrôle technique, des normes de fabrication, une certification ou un label de fabrication...
- **critères subjectifs** : la qualité perçue par le client ou l'usager et qui détermine sa satisfaction (sous forme d'enquêtes le plus souvent).

### La qualité des processus de production

■ La qualité de la production* ne se limite pas à la qualité du bien ou du service produit, mais concerne également **la qualité à toutes les étapes du processus de production** (approvisionnement des matières premières, fabrication, distribution, service après-vente, etc.). L'amélioration de la qualité des processus de production passe souvent par l'élimination des gaspillages en ressources naturelles, la formation permanente des ressources humaines, l'innovation technologique appliquée aux ressources matérielles de l'entreprise.

## 2. La qualité des biens et des services marchands

### La qualité des biens et des services

■ Pour les entreprises, la qualité est un **enjeu concurrentiel** et un facteur déterminant de leur **compétitivité**. La **démarche de qualité* totale** dans l'entreprise vise à éliminer tous les défauts et toutes les opérations inutiles et coûteuses qui constituent des obstacles à la satisfaction des besoins du client. C'est pourquoi l'entreprise cherche à atteindre **symboliquement les « cinq zéros »** : zéro défaut, zéro délai, zéro stock, zéro papier, zéro panne.

■ La **qualité d'un service** est liée à la fois à la qualité de la prestation (service) proposée au client ou à l'usager et à la qualité des modalités de sa production.

VOIR AUSSI

• **Les modes de production** *(fiche 23)*

MOTS CLÉS

- **Qualité de production**
- **Démarche qualité**
- **Normes de qualité**
- **Qualité des services publics**

### Le rôle des normes

■ **L'Organisation mondiale de normalisation (ISO, *International organization for standardization*)** a mis au point un ensemble de normes et de labels permettant aux organisations (et principalement aux entreprises) de labelliser la qualité de leurs systèmes et leurs processus de production.

■ Le **label ISO 9000** regroupe un ensemble de normes de **gestion de la qualité** pour les entreprises qui conçoivent, produisent, fournissent et installent des produits (services).

■ Les **normes ISO 14000** exigent que les organisations assurent le suivi de l'origine et de l'utilisation des matières premières, de leur traitement et de la prise en charge des déchets dangereux. Ces textes ne fixent pas de seuils d'émission ou de rejet de produits dangereux, mais demandent aux entreprises de lancer un plan d'amélioration continue de leur **performance environnementale**.

## 3. La qualité des services publics

### La satisfaction de l'usager

■ Dans les **services publics**, la qualité est évaluée d'abord à travers la **satisfaction de l'usager** (qualité de l'information, réponse aux besoins, adaptabilité aux attentes…). C'est également la qualité de l'ensemble des **actes et** des **processus** qui conduisent à la fourniture du service final à l'usager (conditions d'accueil, écoute et amabilité, réduction des délais d'attente, disponibilité des agents…).

■ La qualité du service public est attachée à la fois à la **qualité du cadre** dans lequel le service est mis en œuvre et à la **qualité de la relation avec l'agent ou le fonctionnaire** qui représente l'institution publique.

### L'apport des nouvelles technologies

■ Afin de rendre plus faciles les relations entre les usagers et l'administration, les simplifications administratives se sont multipliées et les nouvelles technologies ont permis le développement de l'**administration électronique** qui allège considérablement les démarches des usagers qui s'effectuent désormais en ligne *via* le réseau Internet : déclaration de revenus, demande de carte nationale d'identité, consultation de remboursements, etc.

TESTEZ-VOUS

**A.** Sur quoi porte la qualité de la production ?
**B.** À quoi servent les normes ISO ?
**C.** Quels sont les enjeux de la qualité pour les entreprises ?
**D.** En quoi consiste la qualité dans les services publics ?

*Corrigés p. 118.*

# TAYLORISME ET TOYOTISME

26

## 1. Division et coordination du travail

### La division du travail

■ La **division du travail*** consiste en la décomposition du travail à faire en tâches, et en la répartition de ces tâches en divers postes de travail. La **division du travail en tâches spécifiques** réalisables par les membres d'une organisation s'impose quand le travail devient plus complexe, quand les tâches se spécialisent et se répètent, et qu'une seule personne ne suffit pas pour les réaliser.

■ Un poste de travail peut se limiter à l'**exécution de tâches simples** ou regrouper des **tâches plus ou moins complexes** d'entretien, de contrôle de la qualité, de planification, voire de conception du travail. Des différences très nettes peuvent exister entre le travail d'exécution et le travail de conception, les uns concevant le travail que d'autres se contentent d'exécuter.

### La coordination du travail

■ Dans une organisation, quelles que soient les formes revêtues par la division du travail, une coordination et un contrôle des tâches s'avèrent toujours nécessaires. **Division et coordination** du travail sont en réalité **deux éléments indissociables** car il ne peut y avoir une division du travail sans une coordination qui permet d'assurer la **cohérence** et le **bon fonctionnement** de l'ensemble des tâches.

■ La **coordination du travail*** sert à déterminer rationnellement les **règles d'ajustement des tâches entre elles** afin d'accroître l'efficacité du travail.

■ En règle générale, plus la division du travail est importante, plus la coordination devient un enjeu majeur de l'organisation. Les **modes de coordination*** peuvent alors varier entre une **grande autonomie** des membres de l'organisation, une **surveillance étroite** et des **procédures** imposées aux membres.

## 2. Les caractéristiques du taylorisme

### Les fondements du taylorisme*

■ **Frederic Wislow Taylor** (1856-1915) est à l'origine de l'**Organisation scientifique du travail*** (**OST**) dont l'objectif principal est d'éliminer les gaspillages par une **étude scientifique du travail**.

VOIR AUSSI

- **Les modes de production** *(fiche 23)*

MOTS CLÉS

- **Organisation du travail**
- **Division du travail**
- **Coordination du travail**
- **Taylorisme**
- **Toyotisme**

TESTEZ-VOUS

**A.** En quoi consiste la division du travail ?
**B.** Pourquoi faut-il coordonner les tâches entre elles ?
**C.** Quels sont les fondements du taylorisme ?
**D.** Quels sont les fondements du toyotisme ?

*Corrigés p. 119.*

■ Le taylorisme se fonde sur l'observation et la **mesure systématique des tâches** nécessaires à la production afin de dégager une organisation du travail optimale (*One best way*) reposant sur une **division** et une **spécialisation des tâches**.

■ L'OST se fonde donc sur une **division des tâches** entre l'exécution et l'encadrement (niveaux de conception et décision) et sur une spécialisation maximale.

### L'organisation tayloriste

■ L'OST implique la création d'un **bureau** ou **service des méthodes de travail** qui étudie et définit les processus de production les moins coûteux et donne la quantité de travail que doit fournir un ouvrier.

■ L'ouvrier est recruté selon ses aptitudes à occuper un poste spécifique et à réaliser un certain nombre de tâches spécialisées et répétitives. Il reçoit en contrepartie une **rémunération**, des **primes** et une **formation**.

## 3. Les caractéristiques du toyotisme

### Les fondements du toyotisme*

■ Dans les années 1970, **Shigeo Shingo** a été le promoteur du système de production Toyota fondé sur la **production à stocks nuls** (zéro stock) et sur la **disparition des erreurs** (zéro défaut). Shingo préconise le déclenchement de la production par la commande en aval « **juste-à-temps** », de sorte que l'offre s'adapte rapidement à la demande.

■ Pour éliminer les défauts, il convient de multiplier les **contrôles à la source** et de se focaliser sur la **performance du processus de production** dans son entier, plutôt que de rechercher l'efficacité des tâches comme dans le taylorisme.

### L'organisation en flux tendus

■ Il faut penser la production en termes de **flux tendus** pour diminuer les temps d'attente et **réduire les stocks** dans le cadre de processus regroupant différentes activités.

■ Le toyotisme a apporté beaucoup à la réflexion sur l'organisation du travail en préconisant la régularité et la rapidité d'écoulement de la production associées à la **polyvalence des personnes**, à la **fiabilité des machines** et à la **qualité des services et des produits**.

# ENRICHISSEMENT DES TÂCHES ET POLYVALENCE

27

## 1. L'influence de l'environnement et de la formation

### Un environnement changeant

■ **L'environnement des organisations** est aujourd'hui caractérisé par la complexité de ses composantes, l'intensification de la concurrence, l'instabilité de la demande, la rapidité des changements culturels, l'intensification de la préoccupation environnementale, etc. Autant de facteurs qui rendent l'**environnement changeant, incertain et instable.**

■ Cet état particulier de l'environnement conduit les organisations à adopter des formes d'organisation offrant davantage de **flexibilité** et à recourir à la **polyvalence** de leurs membres pour assurer la réalisation d'un plus grand nombre de **tâches diversifiées** et **d'activités nouvelles.**

### Un meilleur niveau de formation

■ Les membres de la plupart des organisations qui prennent aujourd'hui des **décisions opérationnelles** disposent le plus souvent d'un bien **meilleur niveau de formation scolaire.** Les dispositifs de **formation interne** des organisations permettent également aux membres de **développer leurs compétences** et d'acquérir les capacités nécessaires pour effectuer des tâches plus diversifiées, voire de prendre en charge de manière autonome des activités ou des processus complets (ensemble de tâches cohérentes, qui s'articulent logiquement entre elles).

## 2. L'élargissement et l'enrichissement des tâches

### L'élargissement des tâches

■ L'enrichissement des tâches* ne doit pas être confondu avec l'**élargissement des tâches** qui consiste à allonger le déroulement des tâches d'une personne ou d'un poste de travail en regroupant des tâches similaires ou comparables auparavant réparties entre plusieurs personnes ou postes de travail. L'élargissement des tâches consiste donc à **limiter la division du travail**. La tâche de chaque exécutant ne se limite plus à un ou quelques gestes, mais à une partie du processus de production. Ainsi, le travail est moins répétitif et moins monotone.

### L'enrichissement des tâches

■ L'**enrichissement des tâches*** consiste à ajouter aux tâches d'exécution des **tâches préparatoires en amont** et/ou des **tâches de contrôle en aval** de manière à accroître la richesse et l'intérêt du travail et à lui donner davantage de sens.

■ L'enrichissement des tâches favorise l'initiative individuelle et l'implication dans une **activité que l'on contrôle** et dont on comprend l'**utilité pour l'organisation**.

■ L'enrichissement des tâches s'accompagne également d'une **prise de responsabilité** et d'une **autonomie**. Il donne une plus grande indépendance, car l'attribution de nouvelles tâches implique obligatoirement de dégager une **marge de manœuvre décisionnelle**.

## 3. Le développement de la polyvalence

### Polyvalence et compétences

■ La polyvalence* se rapporte à la **réalisation de tâches différentes** dans une situation de travail spécifique et sur un même poste de travail qualifié. Autrement dit, la polyvalence ne concerne pas la capacité d'un individu à effectuer les mêmes tâches spécialisées sur des postes de travail différents.

■ La polyvalence doit permettre l'**apprentissage** et le **développement de compétences** sur des postes de travail qualifiés. Dans ce cas, le travail est caractérisé par un enrichissement des tâches et des aptitudes professionnelles.

### La polyvalence des activités de services

■ La polyvalence appliquée aux activités de services consiste à confier aux personnes le **traitement complet d'un dossier**, depuis le contact avec le client ou l'usager jusqu'au service rendu en passant par le suivi du dossier. Le recours important à la polyvalence des salariés favorise la **flexibilité de l'organisation du travail**.

**VOIR AUSSI**


- **La flexibilité du travail** *(fiche 28)*
- **La décentralisation de la décision** *(fiche 30)*
- **Structure rigide et structure souple** *(fiche 31)*


**MOTS CLÉS**

- **Enrichissement des tâches**
- **Polyvalence**

**TESTEZ-VOUS**

**A.** En quoi consiste l'élargissement des tâches ?
**B.** En quoi consiste l'enrichissement des tâches ?
**C.** Qu'est-ce que la polyvalence ?
**D.** Pourquoi la polyvalence favorise-t-elle la flexibilité ?

*Corrigés p. 119.*

# LA FLEXIBILITÉ DU TRAVAIL

28

## 1. Les caractéristiques de la flexibilité

### Définition de la flexibilité

■ La flexibilité est la capacité d'une organisation à s'adapter rapidement et de manière appropriée aux changements de son environnement sans que soient remises en cause ses grandes orientations stratégiques. La flexibilité est une caractéristique des processus de régulation efficaces grâce à la mise en œuvre d'actions correctrices adaptées. Elle est également une capacité qui accroît l'efficacité du pilotage stratégique de l'organisation.

### L'impératif de réactivité

■ L'organisation du travail privilégie aujourd'hui la flexibilité pour accroître la **réactivité face à l'évolution des attentes** des clients et des usagers.

■ L'impératif de flexibilité imposé par l'environnement conduit les responsables des ressources humaines à **développer les compétences des salariés** et à favoriser ainsi leur **polyvalence**. À terme, il s'agit d'accroître la **productivité du travail** et d'optimiser les coûts liés aux ressources humaines.

### La flexibilité dans les entreprises

■ Les contraintes imposées par la **concurrence** obligent les entreprises à renouveler fréquemment leurs produits pour satisfaire les **besoins changeants des clients**. Les entreprises peuvent être alors confrontées à la nécessité de changer rapidement leur appareil de production pour fabriquer de nouveaux produits comme c'est le cas dans le domaine des **hautes technologies**.

■ Aujourd'hui, la plupart des usines de production sont composées d'**unités de fabrication automatiquement interchangeables**. Il s'agit de **cellules de production flexibles** qui regroupent des machines flexibles, c'est-à-dire des machines dont les opérations peuvent être rapidement modifiées en fonction du modèle de produits à réaliser.

## 2. Les formes de la flexibilité

### La flexibilité quantitative

■ La **flexibilité quantitative*** se traduit le plus souvent par la **modulation des heures de travail** (horaires variables ou flexibles), par l'annualisation

VOIR AUSSI


- L'adaptation des décisions stratégiques *(fiche 21)*
- Structure rigide et structure souple *(fiche 31)*
- La flexibilité des ressources humaines *(fiche 38)*


MOTS CLÉS

- Flexibilité quantitative
- Flexibilité qualitative

TESTEZ-VOUS

**A.** Qu'appelle-t-on flexibilité du travail ?
**B.** En quoi la flexibilité est-elle un enjeu pour les entreprises ?
**C.** Quels sont les effets positifs de la flexibilité qualitative ?
**D.** Quels sont les effets négatifs de la flexibilité quantitative ?

*Corrigés p. 119.*

du temps de travail ou par un **ajustement des effectifs** aux besoins de l'entreprise, ce qui suppose le recours aux CDD (contrats à durée déterminée) ou à l'intérim.

### La flexibilité qualitative

■ La **flexibilité qualitative*** consiste à fournir aux membres d'une organisation les connaissances nécessaires au **développement de leurs compétences**.

■ La **flexibilité qualitative** implique un **accroissement des compétences** individuelles grâce à la formation, la polyvalence, l'autonomie, la responsabilité et la décentralisation des décisions du sommet hiérarchique vers les autres membres de l'organisation.

## 3. Les effets de la flexibilité

### Les effets sur l'organisation

■ Le principal effet positif de la flexibilité est l'**adaptation plus rapide de l'organisation aux changements environnementaux** et donc une **meilleure compétitivité**, notamment en termes de délais, face à la concurrence (*cf.* entreprises).

■ La flexibilité accroît également la mobilité professionnelle et géographique des salariés, ce qui facilite la répartition et la mobilisation des membres de l'organisation.

■ En revanche, la flexibilité est à l'origine de **conflits sociaux** quand elle est imposée comme une nécessité ou une fatalité et que les conditions de sa mise en œuvre ne font pas l'objet de **négociations avec les personnes concernées**.

### Les effets sur les salariés

■ La **flexibilité qualitative** se traduit le plus souvent par un **enrichissement de l'expérience individuelle** et par la valorisation, le développement et la reconnaissance des **compétences individuelles**. La flexibilité professionnelle ou géographique peut d'ailleurs constituer une opportunité pour un **déroulement de carrière** ou une **promotion interne.**

■ La **flexibilité quantitative** est souvent à l'origine de la création d'**emplois peu qualifiés et mal rémunérés** et augmente le **risque de précarisation de l'emploi** (emploi instable dont la durée est incertaine).

# LES MODES DE COORDINATION

29

## 1. Le choix des modes de coordination des tâches

### Multiplicité et complexité des tâches

■ À mesure que la division du travail* s'amplifie et que les tâches deviennent **plus complexes** et **se spécialisent**, il devient nécessaire de mettre en place des **modes ou mécanismes de coordination** afin d'assurer la **cohérence des tâches**, et donc de l'ensemble du travail à réaliser.

■ Les modes ou mécanismes de coordination* ont pour objectif d'**ajuster entre elles les différentes tâches** dans une organisation donnée, afin que l'ensemble fonctionne de manière efficace.

### L'évolution des modes de coordination

■ Les mécanismes de coordination forment le « **ciment** » qui fait tenir ensemble les composantes d'une organisation.

■ La multiplicité et la complexité des tâches évoluent sans cesse en raison des **chargements technologiques et organisationnels** qui enrichissent le contenu des tâches existantes et font naître de nouvelles tâches. Pour accompagner ce développement du contenu du travail, les organisations doivent faire **évoluer continuellement les modes de coordination**.

■ Les mécanismes de coordination sont **toujours présents dans une organisation**, mais les organisations favorisent le plus souvent un mécanisme aux dépens des autres.

## 2. Les modes de coordination des tâches

### L'ajustement par communication informelle

■ La coordination des tâches entre les membres de l'organisation est réalisée par une communication informelle. Les connaissances et les savoir-faire sont échangés entre les membres qui s'adaptent ainsi les uns aux autres. On parle également d'**ajustement mutuel** car les tâches s'ajustent entre elles **sans intervention d'une autorité extérieure** à ceux qui exécutent les tâches de manière autonome.

### L'ajustement par supervision directe

■ La coordination des tâches entre les individus est réalisée par un seul individu qui donne des ordres et contrôle le travail des membres de l'organisation. Cette coordination s'exerce dans le cadre de **rapports** hiérarchiques**. Des **instructions ou consignes** sont communiquées aux subordonnés par un supérieur hiérarchique qui **contrôle leur exécution**.

## L'ajustement par standardisation

■ Dans ce cas, la coordination des tâches est réalisée par le biais d'une **standardisation de l'organisation du travail**. Il s'agit d'uniformiser les pratiques de travail de manière que les tâches s'ajustent systématiquement entre elles. Cette **standardisation de l'organisation du travail** peut être obtenue de plusieurs façons :
- en imposant des **procédés de fabrication** précis (normes techniques, manuel de procédures) ;
- en édictant des **normes à respecter** tout au long des processus de travail (normes de qualité, normes environnementales...) ;
- en fixant des **résultats spécifiques à atteindre** (résultats quantitatifs et qualitatifs) ;
- en énumérant les **savoir-faire nécessaires** pour réaliser les tâches (qualifications, compétences).

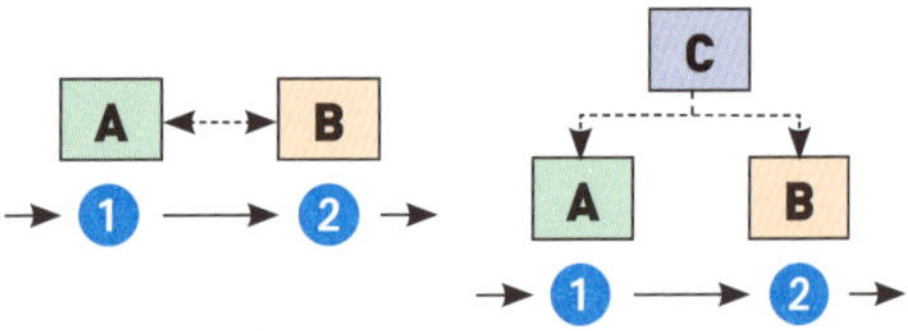


**Communication informelle** **Supervision directe**

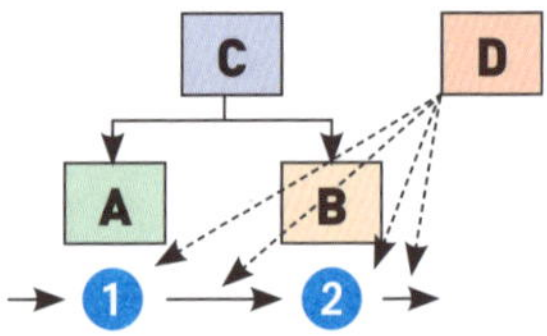


**Standardisation du travail**

**A** et **B** sont des membres de l'organisation.
**C** est un supérieur hiérarchique.
**D** est un expert ou un spécialiste.
❶ et ❷ sont des tâches à accomplir.
Les flèches symbolisent le flux de tâches à accomplir.

VOIR AUSSI

- **Les modes de production** *(fiche 23)*
- **L'externalisation de la production** *(fiche 24)*

MOTS CLÉS

- **Division du travail**
- **Modes de coordination**

TESTEZ-VOUS

**A.** Pourquoi faut-il coordonner les tâches ?
**B.** Qu'appelle-t-on ajustement mutuel ?
**C.** En quoi consiste la coordination par supervision directe ?
**D.** Comment standardiser l'organisation du travail ?

*Corrigés p. 119.*

# LA DÉCENTRALISATION DE LA DÉCISION

30

## 1. Pouvoir de décision et autorité

### Le pouvoir de décision

■ En général, le **pouvoir de décision** peut être défini comme **la capacité d'un individu d'agir sur les comportements d'autres individus** pour obtenir des résultats conformes à ses objectifs.

■ Mais le pouvoir ne se définit pas seulement par la capacité pour certains individus d'agir sur d'autres individus. Dans une organisation, les individus sur lesquels s'exerce un pouvoir disposent toujours d'une **marge de manœuvre** pour exécuter ce qui leur est demandé. Suivant le cas, un individu devant exécuter une décision peut en effet choisir les moyens qu'il mettra en œuvre, déterminer le temps nécessaire à sa réalisation, adopter la manière dont il s'y prendra, etc.

■ Si les membres d'une organisation ne sont jamais **totalement libres de décider**, ils ne sont pas non plus totalement soumis à un pouvoir de décision. Les membres d'une organisation disposent toujours d'une **marge de liberté relative**.

### L'autorité hiérarchique

■ L'**autorité*** désigne le **droit inhérent à une position hiérarchique** de donner des ordres et de les voir exécutés.

■ Dans une organisation, à chaque poste correspondent des droits qui confèrent à leurs titulaires un statut et une autorité. Ainsi, le dirigeant d'une entreprise ou le président d'une association détient une autorité **en vertu de son rang supérieur dans la hiérarchie**. On parle alors plus précisément d'**autorité statutaire**, c'est-à-dire d'une autorité provenant du statut.

■ L'**autorité statutaire ou hiérarchique** permet à un membre d'une organisation d'exercer un pouvoir de décision et de contrôler l'activité d'autres membres.

### La délégation d'autorité

■ La **délégation d'autorité*** consiste à confier à un subordonné, non détenteur d'une autorité statutaire, **tout ou partie du pouvoir de décision** détenu par une autorité du fait de son statut ou sa position dans une structure hiérarchique.

VOIR AUSSI

- **La flexibilité du travail**
*(fiche 28)*
- **Structure rigide et structure souple**
*(fiche 31)*

MOTS CLÉS

- **Pouvoir, autorité**
- **Centralisation, décentralisation du pouvoir de décision**
- **Délégation d'autorité**

■ Au sens juridique, une délégation d'autorité ou de pouvoirs est un **acte juridique** par lequel une autorité se dessaisit d'une partie de ses pouvoirs et les transfère à une **autorité subordonnée**. L'individu qui reçoit cette délégation (appelé délégataire) assume en contrepartie les **obligations** et les **responsabilités** liées aux pouvoirs qui lui ont été délégués.

■ En outre, l'acceptation de cette délégation **engage juridiquement le délégataire** qui peut être sanctionné à la place de l'autorité s'il est tenu responsable d'un acte répréhensible.

## 2. La décentralisation du pouvoir

### Les formes de décentralisation

■ La **décentralisation* du pouvoir de décision** suppose de confier une **partie des décisions stratégiques** aux membres de l'organisation situés le long de la ligne hiérarchique (du sommet vers les niveaux inférieurs) ou sur une même ligne hiérarchique (entre managers ou cadres disposant déjà d'une autorité hiérarchique). Dans le premier cas, on parle de **décentralisation verticale**, dans le second cas, il s'agit d'une **décentralisation horizontale**.

■ Aucune organisation n'est totalement centralisée ou décentralisée. Le **degré de décentralisation** d'une organisation se mesure à travers la **diffusion du pouvoir de décision** aux niveaux hiérarchiques subalternes.

### La nature des décisions confiées

■ Les décisions confiées concernent principalement les fonctions relatives au management opérationnel : la **répartition** et la **coordination des tâches**, le **contrôle des résultats** ainsi que l'**animation** et la **mobilisation** des membres de l'organisation. Les fonctions relevant du management stratégique ne sont que très rarement déléguées. Dans ce cas, on peut parler d'une **organisation très fortement décentralisée.**

TESTEZ-VOUS

**A.** Comment peut-on définir le pouvoir ?
**B.** Qu'appelle-t-on autorité dans une organisation ?
**C.** En quoi consiste la délégation d'autorité ?
**D.** Qu'est-ce qu'un pouvoir décentralisé ?

*Corrigés p. 119.*

# STRUCTURE RIGIDE ET STRUCTURE SOUPLE

31

## 1. Environnement et structure

### L'influence de l'environnement

■ L'**environnement des organisations** est caractérisé par des **changements fréquents** dans des domaines aussi variés que l'économie, la culture, l'écologie... Pour répondre aux besoins et aux attentes de leurs usagers, clients ou adhérents, en termes de qualité du produit (bien ou service), de délais, de prix, etc., les organisations doivent mettre en place des **structures flexibles** pouvant s'adapter **rapidement et de manière appropriée** à ces évolutions constatées ou anticipées.

■ Le **caractère imprévisible de l'environnement** oblige les organisations à disposer d'une capacité de réaction rapide appelée **réactivité** pour répondre à la **variabilité des besoins**.

### La réponse structurelle

■ La **structure* d'une organisation** repose sur deux principes fondamentaux :
- la division en tâches interdépendantes à effectuer ;
- la coordination des tâches pour assurer leurs **interdépendances de manière cohérente**.

■ La structure d'une entreprise est une combinaison de ressources et de moyens destinée à assurer la division et la coordination du travail. C'est un ensemble de fonctions et de relations qui déterminent formellement les **missions que chaque unité d'une organisation** doit accomplir et les mécanismes de coordination entre ces unités.

## 2. Environnement stable et structure rigide

### Les caractéristiques d'une structure rigide

■ Une structure rigide* repose sur une spécialisation* du travail (les tâches sont très spécialisées), sur des procédures formalisées, des postes de travail normalisés et une centralisation* du pouvoir de décision.

■ Elle est également appelée **structure mécanique ou mécaniste** pour insister sur son caractère rigide.

VOIR AUSSI

- **La flexibilité du travail** *(fiche 28)*
- **La flexibilité des ressources humaines** *(fiche 38)*

MOTS CLÉS

- **Structure rigide**
- **Structure souple**

TESTEZ-VOUS

**A.** En quoi l'environnement influence-t-il la structure ?
**B.** Quelles sont les caractéristiques d'une structure rigide ?
**C.** À quelle nature d'environnement est-elle adaptée ?
**D.** Quelle est la structure adaptée à un environnement instable ?

*Corrigés p. 119.*

### Une adaptation à un environnement stable

■ Ce type de structure est particulièrement bien adapté à un **environnement stable** caractérisé par les **changements peu fréquents** et **prévisibles**. Il peut néanmoins changer pour s'adapter à des **changements anticipés sur le long terme**, mais il n'est pas adapté à des changements brusques et non prévus de l'environnement.

## 3. Environnement instable et structure souple

### Les caractéristiques d'une structure souple

■ Une **structure souple*** est caractérisée par la **décentralisation des décisions** et par une **hiérarchie souple**. Les tâches sont redéfinies régulièrement. Les règles ne sont pas contraignantes et les membres de l'organisation sont capables d'adapter leurs compétences face à de nouvelles situations de travail.

■ Ce type de structure est également appelée **structure organique** pour insister sur son caractère souple. La structure organique s'oppose donc à la structure mécanique ou mécaniste, car c'est une **structure rapidement évolutive** du fait de sa souplesse organisationnelle et de son absence de formalisation.

### Une adaptation à un environnement instable

■ Ce type de structure est particulièrement adapté à un **environnement instable** caractérisé par des **changements fréquents** et le plus souvent **imprévisibles**. Face à ces changements environnementaux, une organisation dont la structure est souple est capable d'**adapter rapidement son offre de biens ou services** à l'évolution des besoins. Elle est également capable de répondre plus efficacement aux attentes de ses clients, de ses usagers ou de ses adhérents.

32

# LES TYPES DE DIRIGEANTS

## 1. Les dirigeants d'entreprises privées

### Les dirigeants de PME

■ Dans une PME, le dirigeant est présent à tous les niveaux de l'entreprise et mobilise des compétences multiples :
– **conceptuelles** pour observer l'environnement, analyser le changement et anticiper les évolutions ;
– **techniques** pour maîtriser le métier, développer les produits et améliorer les modes de production ;
– **relationnelles** pour mobiliser les collaborateurs et négocier avec les partenaires extérieurs ;
– **décisionnelles** pour saisir des opportunités, élaborer la stratégie* et développer l'activité de l'entreprise.

### Les dirigeants de grandes entreprises

■ Dans une entreprise **simple** de type **entrepreneurial** (micro ou petite entreprise), le dirigeant est **à la fois propriétaire et gestionnaire de l'entreprise**. Ce double statut donne au dirigeant un **pouvoir de décisions étendu** sur le fonctionnement de l'entreprise et lui confère une **lourde responsabilité sur l'existence et la pérennité** de l'entreprise.

■ Dans une **grande entreprise**, le dirigeant* exerce son pouvoir de décisions **sous le contrôle d'un conseil d'administration**. Dans une **société anonyme** (SA), les actionnaires élisent les membres du conseil d'administration qui nomme ensuite le **directeur général de la société**.

■ Dans une **entreprise managériale** caractérisée par une séparation entre la propriété du capital détenue par les actionnaires et la direction de l'entreprise confiée à des dirigeants ou managers, les dirigeants exercent un pouvoir de décisions **dans la limite du mandat de gestion que leur ont délégué les actionnaires**.

## 2. Les dirigeants d'organisations publiques

### Des dirigeants nommés

■ Dans les organisations publiques, les dirigeants sont des **fonctionnaires** recrutés par des concours de la catégorie A qui regroupe les fonctions de direction, d'encadrement, de conception et d'expertise. Dans la fonction publique territoriale, les candidats reçus doivent en outre être recrutés

VOIR AUSSI

- **Les styles de direction** *(fiche 33)*
- **Les acteurs de l'organisation** *(fiche 34)*

MOTS CLÉS

- **Dirigeants d'entreprise privée, d'organisation publique, d'association**

par une collectivité territoriale. Les dirigeants des organisations publiques sont **nommés par l'État** ou les **collectivités territoriales** et exercent leur pouvoir de décision sous leur **contrôle**.

### Dirigeants et fonctions publiques

■ Dans la **fonction publique d'État**, les hauts fonctionnaires sont placés sous l'**autorité des ministres**. Ils dirigent une administration en définissant les **orientations stratégiques** et en pilotant, au plan national, l'élaboration **d'une politique publique**. Dans l'exercice de leurs missions, ils pilotent et coordonnent la mise en œuvre des orientations stratégiques des politiques publiques dans le cadre d'un service d'administration centrale.

■ Dans la fonction publique territoriale, les dirigeants sont en relation directe avec les élus et les instances de décision (conseils municipaux, généraux ou régionaux). Ils participent à la définition et à la mise en place des orientations stratégiques de la collectivité et des modes de gestion dans une finalité de service public. Il s'agit donc de superviser, d'arbitrer, d'organiser les moyens et les ressources de la collectivité en déclinant les objectifs et les moyens par directions et services.

## 3. Les dirigeants d'associations

### Les dirigeants élus de l'association

■ Les **dirigeants de l'association** sont **élus par l'assemblée générale des adhérents*** ou par le conseil d'administration, lorsque cette instance existe.

■ Les **statuts de l'association** doivent préciser le nombre de dirigeants, les modalités de désignation, le mode de révocation, la nature du mandat et de leurs attributions. En retour, les dirigeants doivent consentir formellement à accepter leurs missions.

### Les pouvoirs des dirigeants

■ Les dirigeants d'une association sont considérés comme les **mandataires**. Leurs **compétences**, leurs **pouvoirs**, tant pour les actes de gestion interne qu'externe à l'association, sont **définis par les statuts** de l'association.

■ Dans le cadre des pouvoirs qui leur sont conférés par l'assemblée générale ou le conseil d'administration, les dirigeants de l'association **engageront l'association** en tant que personne morale et non les sociétaires qui la composent.

TESTEZ-VOUS

**A.** Quelles sont les compétences d'un dirigeant de PME ?
**B.** Un dirigeant de SA dispose-t-il d'un pouvoir étendu ?
**C.** Quel est le rôle des dirigeants d'organisations publiques ?
**D.** Comment sont désignés les dirigeants d'associations ?

*Corrigés p. 119.*

# LES STYLES DE DIRECTION

33

## 1. La typologie classique des styles de direction

■ À partir d'enquêtes de terrain sur les rapports entre supérieurs et subordonnés, il est possible de dégager **quatre grands styles de direction***, c'est-à-dire une **façon spécifique d'exercer le pouvoir dans une organisation** :

### Le style autoritaire

■ Ce style se distingue par la crainte, les menaces et les sanctions, une communication interne descendante, une distance entre le dirigeant et les subordonnés, l'absence d'esprit d'équipe et une centralisation des décisions et du pouvoir au niveau du dirigeant.

### Le style paternaliste

■ Ce style est défini par les récompenses et les sanctions, une attitude plutôt soumise des subordonnés à l'égard du dirigeant, le manque de travail en équipe et une bienveillance distante, voire une condescendance de la part du dirigeant.

### Le style consultatif

■ Ce style est caractérisé par l'implication des employés dans les décisions, des rapports de coopération et de confiance, des communications ascendantes et descendantes, le travail en équipe, une implication et une motivation des membres de l'organisation.

### Le style participatif

■ Ce style est marqué par la participation de groupes à la définition d'objectifs communs, des rapports coopératifs et de confiance totale entre le dirigeant et les subordonnés, l'implication de chacun, à son niveau, dans la prise de décisions et une forte cohésion de l'organisation.

## 2. Une autre typologie de styles de management

### Le style autoritaire ou directif

■ Ce style est incarné par un manager pointilleux qui décide de tout et vérifie régulièrement l'avancement des dossiers, donne des consignes claires et précises et veille à leur application, le cas échéant par le recours à des sanctions.

VOIR AUSSI

• **Les types de dirigeants** *(fiche 32)*

• **Les acteurs de l'organisation** *(fiche 34)*

MOTS CLÉS

• **Styles de direction**

TESTEZ-VOUS

**A.** Quelles sont les caractéristiques d'un style de direction autoritaire ?
**B.** En quoi un style de direction peut-il être paternaliste ?
**C.** Comment distinguer un style de direction participatif ?
**D.** De quels facteurs dépend un style de direction idéal ?

*Corrigés p. 119.*

### Le style consultatif ou délégatif

■ Ce style correspond à un manager qui transmet ses consignes, précise ses objectifs, mais laisse ses collaborateurs libres d'organiser leur travail. Il n'intervient que pour vérifier si les objectifs ont bien été atteints ou s'il est sollicité. Ce manager estime que ses collaborateurs doivent être suffisamment compétents pour assumer leurs tâches de façon autonome.

### Le style participatif

■ Ce style est identifié par un manager à l'écoute de ses collaborateurs, et qui pour cela les convoquent à des réunions ou des groupes de travail au cours desquels les objectifs et les moyens sont discutés et les décisions sont prises en commun dans un climat de confiance.

## 3. Le style de direction idéal

### L'absence de style de direction idéal

■ **Il n'existe pas de style de direction idéal**. Dans la réalité, le style de direction d'un dirigeant ou d'un manager doit s'adapter à la fois aux caractéristiques de l'organisation et aux caractères de ses membres. Un bon style de direction est donc un **style adapté** ou **en harmonie avec un contexte et des personnes**.

### L'adaptation d'une personnalité à un contexte

■ Ainsi, le style de direction résulte d'une **combinaison de trois grands facteurs** :
– les **caractères du dirigeant de l'organisation** : valeurs, personnalité, convictions, degré de tolérance et de confiance à l'égard des autres membres, formation, ambitions personnelles, etc.
– les **caractères des membres de l'organisation** : degrés d'implication, d'adhésion et de motivation, confiance et loyauté, intérêts individuels, besoin d'autonomie ou d'encadrement, désir d'être plus responsables, etc.
– les **caractéristiques de l'organisation** : taille, structure, culture, propriété du capital, domaine ou secteur d'activité, système de décision, réseaux de communication, mode d'organisation et de fonctionnement, etc.

# LES ACTEURS DE L'ORGANISATION

34

## 1. Les rôles et les intérêts des acteurs

### Un rôle lié au statut

■ L'engagement dans une organisation est toujours un **acte volontaire** qui suppose l'**adhésion à des obligations** en échange de l'**octroi de droits**. Les différents acteurs d'une organisation tiennent chacun un rôle défini, le plus souvent **en fonction de leur position** ou par rapport à **leur statut dans l'organisation**.

### Des intérêts individuels à défendre

■ Pour faire valoir ou défendre ses intérêts personnels, chaque acteur dispose de **moyens** et de **pratiques légitimes** que lui accorde généralement le droit : statut professionnel, assemblée générale, délégation syndicale, bilan de compétences, audit...

## 2. Les acteurs des entreprises

### Salariés et cadres

■ Un salarié* ou un employé est lié à un dirigeant par un **contrat de travail individuel** qui lui permet de recevoir un **salaire en contrepartie du travail fourni**. Cet **engagement volontaire** du salarié l'oblige à **effectuer le travail** pour lequel il a été recruté, et pour lequel il est rémunéré. Son intérêt personnel est donc de **défendre l'emploi qui le fait vivre**.

■ Le **cadre** est une autorité hiérarchique qui doit faire passer l'**intérêt de l'organisation** avant les intérêts individuels. Les **intérêts du salarié et ceux du cadre peuvent converger vers un objectif commun** de création de richesses permettant d'assurer la pérennité de l'organisation et la préservation des emplois.

### Les relations actionnaires-salariés

■ L'objectif de l'**actionnaire*** ou du **sociétaire**, associé au **propriétaire* d'un titre de propriété de l'entreprise**, est de percevoir sous forme de **dividendes** une participation aux bénéfices de l'entreprise. Le **partage de la valeur ajoutée** par l'entreprise est l'enjeu de **prises de position contradictoires** entre les syndicats de salariés, les actionnaires et les dirigeants.

■ Le rôle des **délégués syndicaux*** désignés dans une entreprise ou un

VOIR AUSSI

- **Les types de dirigeants** *(fiche 32)*
- **Les styles de direction** *(fiche 33)*

MOTS CLÉS

- **Salarié, fonctionnaire, bénévole**
- **Cadre, employé, ouvrier**
- **Délégué du personnel, délégué syndical**
- **Associé, actionnaire, propriétaire**

TESTEZ-VOUS

**A.** Quels sont les principaux acteurs dans une entreprise ?
**B.** Les salariés sont-ils toujours représentés dans une entreprise ?
**C.** Quel est le rôle d'un délégué syndical ?
**D.** Quelle est la différence entre un bénévole et un adhérent d'association ?

*Corrigés p. 119.*

établissement de 50 salariés est de représenter le syndicat auquel ils appartiennent, de formuler des revendications et de négocier des conventions ou des accords collectifs.

■ Le rôle des **délégués du personnel***, élus dans les établissements de 11 salariés et plus, est de **représenter le personnel auprès de l'employeur** et lui faire part de toute **réclamation individuelle ou collective** en matière d'application de la réglementation du travail.

## 3. Les acteurs des organisations publiques et des associations

### Fonctionnaires et services publics

■ Le **service public** doit garantir l'accès à tous des services destinés à la satisfaction des besoins fondamentaux. L'**intérêt général** est donc de préserver ses **missions garantes de la cohésion sociale**. Cet intérêt général repose sur des **fonctionnaires***, nommés dans un **emploi permanent** et **titularisés dans un grade** de la hiérarchie administrative. Le **statut général des fonctionnaires** repose essentiellement sur des lois qui constituent les droits et les obligations des fonctionnaires. Le **principe de neutralité** du service public interdit au fonctionnaire de faire de sa fonction l'instrument d'une propagande quelconque.

### Bénévoles et adhérents

■ En France, plus de 14 millions de **bénévoles*** sont engagés dans des associations dont les domaines d'activité sont aussi divers que le sport, la culture ou les loisirs, l'humanitaire, la santé ou l'action sociale, la défense des droits ou encore l'éducation.

■ Ces bénévoles sont des **personnes volontaires** qui consacrent une partie de leur temps, **sans être rémunérées**, **aux activités de l'association**. Elles peuvent cependant être remboursées des frais induits par leur activité (déplacement, hébergement, achat de matériel...). Elles ne sont soumises à aucune subordination juridique et ne reçoivent pas d'ordre ni ne peuvent être sanctionnées par l'association.

■ Les **adhérents** englobent la quasi-totalité des **personnes qui participent à la vie associative**, soit formellement par une adhésion et une cotisation (environ 80 % des cas), soit de fait, par la participation active à une activité associative.

# LA GESTION DES EMPLOIS ET DES COMPÉTENCES

35

## 1. Les principes d'une gestion prévisionnelle des emplois et des compétences

### La notion de compétence

■ La compétence* professionnelle est une combinaison de **connaissances, savoir-faire, expériences et comportements** s'exerçant dans un **contexte précis**. Elle se constate lors de la mise en œuvre en situation professionnelle à partir de laquelle elle peut être validée.

### La finalité d'une démarche compétence

■ La démarche compétence a pour finalité de **valoriser les compétences des membres d'une organisation** en s'appuyant sur leurs capacités d'initiative et de prise de responsabilités. La spécificité de la démarche compétence tient à la prise en compte des **incidences de la stratégie sur l'évolution des métiers et des compétences**. Elle permet un **déploiement efficace de la stratégie** en donnant aux salariés la possibilité d'évoluer vers de nouveaux postes de travail dans le cadre de promotion ou de mobilité.

### Le rôle de la GPEC dans la stratégie

■ La GPEC* (gestion prévisionnelle des emplois et compétences) permet à une organisation d'identifier les compétences qui lui seront nécessaires pour la **mise en œuvre de sa stratégie**, de faciliter la mobilité professionnelle et géographique des salariés et d'anticiper les besoins en formation nécessaires au développement des **compétences stratégiques**. Un dispositif de GPEC s'articule autour d'une **démarche** et d'un ensemble d'**outils de diagnostic** des ressources humaines.

## 2. Les étapes d'une gestion prévisionnelle des emplois et des compétences

### L'analyse de l'environnement et le choix stratégique

■ Une démarche de GPEC débute toujours par l'étape d'**élaboration de la stratégie** qui consiste à analyser les tendances lourdes de l'environnement aux niveaux technologique, économique, écologique, social, etc. afin que l'organisation puisse se positionner face aux autres organisations et déterminer la **nature et le volume des biens ou des services** qu'elle produira dans les années à venir, c'est-à-dire son **offre**.

VOIR AUSSI

- **La flexibilité des ressources humaines** *(fiche 38)*
- **Enjeux et politique de formation** *(fiche 39)*

MOTS CLÉS

- **Compétence**
- **Gestion prévisionnelle de l'emploi et des compétences**

TESTEZ-VOUS

**A.** Qu'est-ce qu'une compétence ?
**B.** À quoi sert la GPEC ?
**C.** Quelles sont les grandes étapes de la GPEC ?
**D.** Comment réduire l'écart entre le souhaitable et le probable ?

*Corrigés p. 119.*

■ Concrètement, c'est la **confrontation entre les capacités internes de l'organisation** (en termes de forces et faiblesses) et **l'évolution prévisible de l'environnement** (en termes d'opportunités et de menaces) qui permet de déterminer la stratégie de l'organisation à mettre en place.

## L'évolution souhaitable des ressources humaines

■ La deuxième étape évalue les **conséquences des orientations stratégiques sur la structure de l'organisation** (division et coordination des tâches et des activités) et en particulier sur la **nature et le volume des emplois** et des **compétences individuelles** nécessaires pour les occuper.
■ Cette étape doit permettre :
– de définir les **besoins en emplois** ;
– d'anticiper l'**évolution des emplois** (emplois créés, emplois supprimés, emplois redéfinis…) ;
– d'identifier les **emplois et compétences sensibles**, c'est-à-dire ceux qui sont directement liés aux décisions stratégiques (emplois clés pour le développement de certaines activités, emplois dont le contenu va se transformer radicalement, emplois dont les effectifs vont être sérieusement diminués…).

## L'évolution probable des ressources humaines

■ La troisième étape consiste à établir un **état des emplois et des compétences disponibles** et à **prévoir son évolution probable** à l'horizon stratégique compte tenu des **recrutements et des départs déjà prévus**. Il s'agit de dégager les principales caractéristiques actuelles des membres de l'organisation, de leurs emplois et de leurs compétences, et de simuler leur évolution naturelle.

## Le constat d'un écart à corriger

■ Les simulations effectuées précédemment aboutissent presque systématiquement au **constat de décalages** entre les besoins justifiés par la stratégie de l'organisation (étape 2) et l'évolution naturelle des ressources humaines (étape 3).

■ La dernière étape consiste à **mettre en œuvre des programmes d'action** pour corriger l'écart constaté : changement dans l'organisation du travail (tâches à effectuer), recrutements, mobilités géographique et professionnelle (promotions, mutations), formation.

# LA DIMENSION STRATÉGIQUE DU RECRUTEMENT

36

## 1. Compétence et qualification

### Évaluation et développement de la compétence

■ La compétence* professionnelle est une **combinaison de connaissances, savoir-faire, expériences et comportements** s'exerçant dans un **contexte précis**. Selon cette définition, la compétence est essentiellement **attachée à l'individu**. Pourtant, dans la réalité, la **compétence professionnelle** ne peut se révéler qu'à certaines conditions :
– elle doit être associée à **l'apprentissage** ou à la **formation**, de manière à pouvoir s'adapter aux situations professionnelles spécifiques à l'organisation ;
– elle doit être complétée par la **prise d'initiative et de responsabilité individuelles** pour faire face aux situations professionnelles ;
– elle doit être combinée avec l'**utilisation de ressources matérielles** et la **collaboration avec d'autres membres** de l'organisation.

■ Ainsi, la compétence peut être définie comme la **prise d'initiative et de responsabilité** d'un individu sur des situations professionnelles auxquelles il est confronté **avec d'autres acteurs** et pour lesquelles il doit mobiliser ses **connaissances, son savoir-faire** et son **expérience**.

### Qualification et capacités

■ Une **qualification*** regroupe l'ensemble des aptitudes ou capacités acquises par un individu ou requises pour occuper un poste ou un emploi.

## 2. Les enjeux stratégiques du recrutement

### Les enjeux économiques

■ Le recrutement représente toujours un **coût** plus ou moins élevé **pour l'organisation** suivant la nature des compétences recherchées et les modalités de recrutement. De plus, une organisation ne peut jamais être sûre d'avoir recruté la personne détenant l'**ensemble des compétences recherchées**. Et il n'est pas certain non plus que la personne recrutée dispose, dans l'organisation, des **ressources nécessaires** pour les mettre en œuvre rapidement et avec efficacité.

■ Par ailleurs, le recrutement a toujours des conséquences sur le **niveau** et le **potentiel de compétences d'une organisation**. Le recrutement influence donc les **performances des organisations**.

VOIR AUSSI

- **La gestion des emplois et des compétences** *(fiche 35)*
- **Les modalités de recrutement** *(fiche 37)*

MOTS CLÉS

- **Compétence**
- **Qualification**
- **Recrutement**

TESTEZ-VOUS

**A.** Quelles sont les conditions pour mettre en œuvre une compétence ?
**B.** Quels sont les enjeux économiques d'un recrutement ?
**C.** Comment doit-on évaluer les compétences ?
**D.** Comment peut-on développer les compétences ?

*Corrigés p. 119.*

### Les enjeux sociaux

■ **Le recrutement** est un facteur déterminant du climat social d'une organisation. Il peut influencer la cohésion et l'efficacité des unités ou des groupes de travail en les renforçant ou en les diminuant. Il peut transformer partiellement la pyramide des âges, redynamiser le personnel, remettre en cause une hiérarchie, créer des conflits...

### Les enjeux juridiques

■ Le **choix du contrat** qui va lier la personne à l'organisation est déterminant. Suivant sa nature (CDI, CDD, intérim, travail à temps partiel...), l'**implication** et l'**engagement individuels** dans la réalisation des objectifs de l'organisation seront différents. De plus, si l'organisation ne recrute pas la bonne personne, elle devra mettre en place une **procédure de licenciement ou de reclassement**, toujours longue et coûteuse.

## 3. L'évaluation et le transfert des compétences

### L'évaluation des compétences

■ **L'évaluation des compétences individuelles** est nécessaire pour construire et développer les **compétences collectives** de l'organisation. Elles sont liées à la qualité de la circulation de l'information, de la coopération et de la communication, du partage des connaissances et du savoir-faire entre les membres d'un groupe, d'une équipe, de l'organisation tout entière...

■ **L'évaluation des compétences individuelles** passe par des **entretiens individuels d'évaluation** où sont appréciés la maîtrise des compétences, le respect des consignes, la faculté d'adaptation, les qualités personnelles (conscience professionnelle), les résultats, les objectifs futurs, etc.

### Compétences individuelles et compétences collectives

■ L'un des objectifs de la formation est de **transformer les compétences individuelles en compétences collectives** nécessaires à la réalisation des objectifs de l'organisation. Les contenus des plans de formation, dont l'objectif est d'augmenter **l'efficacité et les performances du capital humain**, portent sur l'ensemble des compétences actuelles et futures de l'organisation.

# LES MODALITÉS DU RECRUTEMENT

37

## 1. Les besoins de recrutement

### L'expression des besoins de l'organisation

■ Les organisations doivent au préalable **identifier et formuler les besoins en personnel**. Ces besoins de recrutement peuvent provenir de différentes circonstances :
– le **recrutement de remplacement** : fait suite à une démission, un départ à la retraite, une mutation… Il est alors indispensable d'assurer la continuité du travail ;
– le **recrutement lié à un accroissement de l'activité** : un développement conjoncturel de l'activité de l'organisation peut nécessiter le recrutement de nouveaux salariés ;
– le **recrutement de nouvelles compétences** : l'évolution des technologies peut obliger l'organisation à rechercher de nouvelles compétences adaptées aux nouveaux modes de production ;
– le **recrutement annuel ou budgétaire** : le recrutement peut s'inscrire dans le plan ou le budget de recrutement consécutif à une décision stratégique de l'organisation.

### Besoins de l'organisation et attentes des candidats

■ Le recrutement doit à la fois répondre aux **besoins de l'organisation** et aux **attentes des candidats**. Après avoir attiré les candidats sur un poste ou sur un emploi, il s'agit de **conserver durablement ses compétences** au sein de l'organisation, de les faire **évoluer** et d'en **développer** d'autres en relation avec celles qui sont acquises.

■ Les objectifs d'un recrutement réussi sont donc de pourvoir l'organisation en collaborateurs compétents, de limiter les coûts nécessaires au diagnostic des compétences, d'éviter de dévaloriser ou de perdre ces compétences une fois le candidat intégré dans l'organisation.

## 2. Des modalités de recrutement différentes

### Les modes de recrutement

■ Le **recrutement interne** consiste à vérifier si les qualifications recherchées n'existent pas déjà au sein de l'organisation, c'est-à-dire sur le **marché interne**, d'où l'importance des entretiens annuels d'évaluation. L'avantage de cette option est que le collaborateur connaît déjà la structure, ses métiers et sa culture. Le recrutement interne montre aux membres

VOIR AUSSI

- **La gestion des emplois et des compétences** *(fiche 35)*
- **La dimension stratégique du recrutement** *(fiche 36)*

MOTS CLÉS

- **Recrutement**
- **Marché interne**
- **Marché externe**

TESTEZ-VOUS

**A.** Qu'est-ce qu'un recrutement sur le marché interne ?
**B.** En quoi consiste le recrutement externe pour une entreprise ?
**C.** Comment les organisations publiques recrutent-elles leurs membres ?
**D.** Quelle est la spécificité du recrutement d'un bénévole ?

*Corrigés p. 120.*

de l'organisation que des évolutions d'emplois ou de carrières sont possibles, ce qui peut **favoriser leur motivation**.

■ Le **recrutement externe** consiste à rechercher les candidats sur le marché externe (en fait, il s'agit du marché du travail) selon des modalités très diversifiées : annonces, concours, recours à un cabinet de recrutement, Pôle emploi, etc.

## Le recrutement dans les entreprises

■ Les modalités de recrutement sont liées à la **taille de l'entreprise** et à la **nature du poste à pourvoir**. Les grandes entreprises font le plus souvent appel à des cabinets de recrutement, alors que les PME se tournent plutôt vers Pôle emploi ou publient des annonces dans des journaux locaux ou nationaux. La **multiplication des sites Web** spécialisés dans le **dépôt d'annonces et de candidatures** permet aux entreprises de déposer leurs offres d'emplois et aux internautes-candidats de déposer en ligne leur *curriculum vitae* et d'expliciter leur demande d'emploi. Les entreprises précisent le profil de poste recherché, ce qui facilite la prospection des candidats (on parle d'e-recrutement).

## Le recrutement dans les organisations publiques

■ Il s'agit essentiellement de recruter des **fonctionnaires** pour des emplois permanents. Les **fonctionnaires de l'État** sont recrutés exclusivement par voie de concours tandis que les **fonctionnaires territoriaux** accèdent aux grades par voie de concours, de promotion interne ou d'avancement. L'inscription aux concours est assortie de conditions d'âge, de diplômes, de nationalité...

## Le recrutement dans les organisations à but non lucratif

■ En ce qui concerne le **personnel rémunéré**, une organisation à but non lucratif* utilise sensiblement les mêmes critères que l'entreprise. En revanche, les bénévoles sont des **volontaires** qui sont recrutés en fonction de leurs compétences et surtout de leur **implication volontaire**, de **leur disponibilité** et de l'adéquation de leurs objectifs personnels avec les objectifs poursuivis par l'organisation.

# LA FLEXIBILITÉ DES RESSOURCES HUMAINES

38

## 1. Flexibilité et gestion des ressources humaines

### Environnement et flexibilité

■ L'environnement des organisations est caractérisé par des **changements fréquents et imprévisibles** qui leur imposent de disposer d'une capacité de réaction rapide (on parle de réactivité) pour adapter leur offre à la variabilité de la demande.

■ Cet **impératif de réactivité** oblige les organisations à adopter des **structures flexibles** qui rendent à leur tour nécessaire une **gestion flexible des ressources humaines**.

### L'évolution des pratiques de GRH

■ Les pratiques de GRH valorisent désormais l'**autonomie**, la **polyvalence**, la **responsabilisation**, et l'**implication** de tous les salariés. L'organisation du travail privilégie l'**élargissement** et l'**enrichissement des tâches** et s'appuie sur une **décentralisation du pouvoir de décision** en vue d'une réactivité accrue.

■ L'**impératif de flexibilité** imposé par l'environnement est l'occasion, pour les responsables des ressources humaines, de remettre en cause les politiques de GRH fondées sur les tâches pour leur substituer des **politiques axées sur le développement des compétences**. À terme, il s'agit d'**accroître l'efficacité des ressources humaines** tout en réduisant leurs coûts.

■ La **gestion de la flexibilité** a pour vocation de développer la **capacité de l'organisation à s'ajuster rapidement aux changements environnementaux imprévisibles**. Elle se distingue de la GPEC qui a pour finalité d'anticiper cet ajustement et de le mettre en œuvre avant qu'il ne s'impose dans l'urgence.

## 2. Les différentes formes de la flexibilité

### La flexibilité quantitative

■ La **flexibilité quantitative externe** a pour finalité d'**ajuster les effectifs aux besoins de personnel de l'organisation**, le plus souvent par le recours externe au marché du travail. Ce type de flexibilité se traduit concrètement par l'**embauche de personnel temporaire** (CDD ou intérimaires) ou par le **recours à des travailleurs indépendants ou des sous-traitants**.

VOIR AUSSI

- **La flexibilité du travail** *(fiche 28)*
- **La gestion des emplois et des compétences** *(fiche 35)*

MOTS CLÉS

- **Flexibilité des ressources humaines**
- **Flexibilité quantitative**
- **Flexibilité qualitative**

TESTEZ-VOUS

**A.** Pourquoi les ressources humaines doivent-elle être flexibles ?
**B.** En quoi consiste la flexibilité quantitative ?
**C.** Qu'est-ce que la flexibilité qualitative ?
**D.** Quels sont les avantages de la flexibilité qualitative ?

*Corrigés p. 120.*

■ **La flexibilité quantitative interne consiste à rendre le temps de travail flexible** par le recours à la modulation des heures de travail, l'annualisation du temps de travail, l'aménagement du temps de travail, les horaires de travail variables, etc.

## La flexibilité qualitative

■ La **flexibilité qualitative*** permet d'ajuster les **ressources humaines disponibles dans l'organisation à ses besoins en compétences**. La flexibilité qualitative s'applique donc aux salariés permanents de l'entreprise. Les modalités de la flexibilité qualitative impliquent la **polyvalence**, la **responsabilité**, l'**autonomie**, le **développement des compétences**...

■ En théorie, la flexibilité quantitative* et la flexibilité qualitative ne s'opposent pas et peuvent même être complémentaires. Une organisation peut embaucher ponctuellement du personnel intérimaire et développer dans un même temps les compétences de salariés permanents pour les rendre plus polyvalents et flexibles.

## Les atouts de la flexibilité qualitative

■ La **flexibilité qualitative** suppose de fournir aux salariés les moyens de **développer leurs compétences professionnelles**. Pour cela, l'organisation doit leur apporter, **grâce à la formation**, les moyens d'actualiser leurs connaissances. La confrontation à de nouvelles situations de travail et les échanges entre salariés permettent d'**enrichir les savoir-faire et l'expérience**.

■ La flexibilité qualitative doit s'accompagner d'**autonomie** et de **responsabilité**, ce qui implique une **délégation du pouvoir de décision** et une **transformation des styles de direction** vers davantage de consultation ou de participation.

■ Elle implique un engagement durable des salariés qui doivent bénéficier d'un **emploi stable**.

■ Elle suppose enfin une **implication personnelle** qui doit avoir pour **contrepartie une rétribution** (financière ou non financière). Cette rétribution est un moyen de reconnaître l'enrichissement des compétences actuelles et/ou l'acquisition de nouvelles compétences.

# ENJEUX ET POLITIQUE DE FORMATION

39

## 1. Objectifs et contenu de la formation

### La formation : une obligation des organisations

■ Tout au long de l'exécution des contrats de travail qui lient une organisation à ses membres, celle-ci a le **devoir d'assurer leur adaptation à l'évolution de leurs tâches, de leur activité ou de leur poste de travail**. Sur le plan juridique, il existe des situations spécifiques qui **obligent les organisations à mettre en place une formation**. Ainsi, par exemple, l'organisation d'une formation s'impose à l'employeur à la suite de l'embauche d'un jeune en contrat d'insertion en alternance, lorsqu'un accord ou une convention collective applicable à l'entreprise prévoit des périodes de formation obligatoires (après une mutation, un congé de longue durée...) ou encore quand le contrat de travail d'un salarié contient l'engagement de l'employeur de le former.

### Les objectifs de la formation

■ La formation professionnelle regroupe des actions ayant des objectifs différents :

– les **actions d'adaptation et de développement des compétences** des salariés ont pour objet de favoriser l'adaptation des salariés à leur poste de travail, à l'évolution des emplois, ainsi que leur maintien dans l'emploi, et de participer au développement des compétences des salariés ;

– les **actions de promotion** ont pour objet de permettre à des travailleurs d'acquérir une qualification plus élevée ;

– les **actions de prévention** ont pour objet de réduire les risques d'inadaptation de qualification à l'évolution des techniques et des structures des organisations ;

– les **actions de conversion** ont pour objet de permettre à des travailleurs dont le contrat de travail est rompu d'accéder à des emplois exigeant une qualification différente.

### L'organisation de la formation

■ Une entreprise peut organiser elle-même la formation de ses salariés (**formation interne**) ou faire appel à un prestataire extérieur (**formation externe**). Dans certains cas, un salarié en congé de formation peut choisir librement son organisme de formation à condition que celui-ci ait procédé à la déclaration obligatoire prévue par le Code du travail.

VOIR AUSSI

- **La gestion des emplois et des compétences** *(fiche 35)*
- **La flexibilité des ressources humaines** *(fiche 38)*

MOTS CLÉS

- **Formation**
- **Politique de formation**

TESTEZ-VOUS

**A.** À quoi sert la formation pour les organisations ?
**B.** Quels sont les différents types de formation ?
**C.** En quoi consiste la formation individuelle ?
**D.** Les organisations publiques adoptent-elles des politiques de formation ?

*Corrigés p. 120.*

## 2. La diversité de contenu d'une politique de formation

### La formation collective

■ Dans les entreprises, l'employeur peut planifier, après consultation des représentants du personnel, un certain nombre de formations dans l'année ou sur une période plus longue : c'est le **plan de formation** (annuel le plus souvent).

■ Les **actions de formation professionnelle** doivent se dérouler conformément à un programme établi en fonction d'objectifs préalablement définis par l'organisation. Ce programme doit préciser les **moyens pédagogiques** et d'**encadrement mis en œuvre**, ainsi que le **dispositif de suivi et de contrôle des résultats de la formation**.

■ À l'issue de la formation, le prestataire délivre au stagiaire une attestation mentionnant les objectifs, la nature et la durée de l'action et les résultats de l'évaluation des acquis de la formation.

### La formation individuelle

■ Le **droit individuel à la formation** (**DIF**) est un **droit reconnu aux salariés** disposant d'une ancienneté d'au moins un an dans une entreprise. Le **congé individuel de formation** (**CIF**) est une modalité du DIF qui permet à un salarié de prendre **l'initiative de suivre une formation de son choix**. Il existe d'autres congés avec des **objectifs de formation plus spécifiques** tels le congé de formation économique, sociale et syndicale, de formation des membres du comité d'entreprise, de bilan de compétences ou encore le congé pour validation des acquis de l'expérience.

### La formation dans les organisations publiques

■ Les **compétences des organisations publiques** reposent sur une formation de ses membres généralement acquise à l'extérieur de l'organisation. En effet, les connaissances fondamentales et les règles de comportement nécessaires à une mission de service public sont **acquises antérieurement à l'exercice de la profession**. Néanmoins, les organisations publiques mettent en place des plans de formation spécifiques pour adapter les savoirs et savoir-faire des fonctionnaires aux **spécificités** et à l'**évolution des missions de service public**.

# POLITIQUE ET MODES DE RÉMUNÉRATION

40

## 1. Les notions de base concernant la rémunération

### Coût du travail et masse salariale

■ Le **coût du travail**, ou **coût salarial**, est composé de l'ensemble des dépenses d'un employeur destinées à rémunérer le travail salarié. Le coût du travail comprend :
– la **rémunération directe** : salaire brut et autres éléments accessoires au salaire comme les congés payés, les indemnités exceptionnelles, les primes, etc.
– les **cotisations patronales** versées à divers organismes sociaux (Sécurité sociale, ASSEDIC, retraites complémentaires...).

■ La **masse salariale** d'un ensemble de salariés pour une période donnée (mois ou année généralement), dans une organisation donnée, est composée de l'**ensemble des salaires nets et des charges sociales** (patronales et salariales) concernant ces salariés.

### Les composantes de la rémunération

■ La rémunération comprend, en général, la **rémunération principale composée du salaire de base et des primes**. Dans certaines organisations (entreprises surtout), l'employeur ajoute à la rémunération de base des éléments de rémunération liés à la façon dont le salarié occupe le poste. Il s'agit d'une **part individualisée** dont le montant varie en fonction de la **performance individuelle**.

■ La rémunération peut être complétée par des **avantages en nature** (logement de fonction, voiture de société, téléphone personnel, participation aux repas...). L'ensemble forme la **rémunération globale**.

## 2. Objectifs et contenu des politiques de rémunération

### Les objectifs d'une politique de rémunération

■ **La politique de rémunération** vise à rétribuer les membres d'une organisation selon un principe d'équilibre entre la **contribution** que l'individu apporte à une organisation et la **rétribution** qu'il en reçoit en contrepartie. Il s'agit de parvenir à une **juste proportionnalité** (acceptable par les deux parties) entre ces deux aspects de la relation de travail.

■ La politique de rémunération est également un moyen de **mobiliser et fidéliser les membres d'une organisation pour conserver des compétences clés** et d'assurer une certaine stabilité au sein de l'organisation.

VOIR AUSSI

- **Les facteurs de motivation** *(fiche 41)*

MOTS CLÉS

- **Politique de rémunération**
- **Modes de rémunération**
- **Individualisation de la rémunération**
- **Rémunération globale**

## Les contraintes d'une politique de rémunération

■ La politique de rémunération doit tenir compte de **contraintes diverses propres à l'organisation concernée** : maîtrise des coûts, loi et conventions collectives, maintien de la cohésion sociale. Dans certains cas, la réduction de coûts salariaux peut constituer un **objectif de politique de rémunération** quand la stratégie est fondée sur une **domination de la concurrence grâce aux coûts réduits de production**.

■ Selon la stratégie managériale, la politique de rémunération peut encourager la **performance individuelle** (individualisation des rémunérations, prime au mérite...) ou **collective** (primes collectives, participation, intéressement).

## Les types de politiques de rémunération

■ Il existe une grande diversité de politiques de rémunération. On peut néanmoins dégager trois grands types de politiques de rémunération :
– les **politiques de rémunération par le marché** : les rémunérations sont déterminées par rapport aux salaires sur le marché de l'emploi, poste par poste ;
– les **politiques de rémunération par les qualifications** : des grilles de qualifications négociées définissent les salaires bruts en fonction d'un coefficient ;
– les **politiques de rémunération par les primes et avantages** : les rémunérations sont calculées de manière individualisée (par rapport aux performances personnelles du salarié) ou de manière collective (par rapport aux performances collectives d'un groupe de travail). En pratique, les politiques de rémunération résultent d'une **combinaison de ces trois grands types**.

## L'individualisation de la rémunération

■ Les **pratiques d'individualisation* des rémunérations** s'observent essentiellement dans le secteur privé. L'individualisation de la rémunération consiste à ajouter à la rémunération fixe, une **rémunération variable**, souvent liée aux résultats que l'activité du salarié a générés pour l'organisation (presque toujours une entreprise).

■ La part variable de la rémunération étant associée aux résultats, le salarié est plus **impliqué et motivé**. L'individualisation contribue **alors à l'amélioration de l'efficacité et de la rentabilité du travail.**

TESTEZ-VOUS

**A.** Quelles sont les composantes de la rémunération ?
**B.** En quoi consiste une politique de rémunération ?
**C.** Quelle est la contrainte principale à une politique de rémunération ?
**D.** Qu'est-ce que l'individualisation de la rémunération ?

*Corrigés p. 120.*

# LES FACTEURS DE MOTIVATION

41

## 1. Composantes et enjeux de la motivation

### La définition de la motivation

■ La motivation au travail est une **volonté individuelle** de fournir **un effort important** dans le but d'atteindre les **objectifs fixés par une organisation** et de satisfaire conjointement un **besoin personnel**. La motivation au travail sera d'autant plus forte que les besoins individuels et les objectifs de l'organisation coïncideront.

■ Pour favoriser la motivation, les organisations doivent donc créer les conditions qui poussent un individu à s'impliquer dans l'organisation, c'est-à-dire à s'**engager personnellement** pour conduire une activité qui concourt à la réalisation des objectifs de l'organisation et de ses objectifs personnels.

### Les enjeux de la motivation

■ Un salarié non motivé réalise son activité sans se soucier de l'influence de son travail sur les activités des autres salariés. L'absence de motivation d'un salarié peut conduire à un **dysfonctionnement dans les processus professionnels** en raison d'un défaut d'ajustement de son activité aux activités des autres salariés.

■ L'absence de motivation individuelle peut donc avoir des répercussions négatives sur les résultats et la **performance globale** d'un groupe de travail, d'un projet, d'un processus, ou de l'organisation.

## 2. Les facteurs de motivation liés à la rémunération

### L'intéressement aux résultats

■ L'intéressement est un **dispositif facultatif** qui résulte d'un **accord négocié**. Il permet d'associer financièrement les salariés **aux performances de l'entreprise**. Son montant présente un caractère variable et aléatoire résultant d'une formule de calcul liée aux résultats ou aux performances de l'entreprise. À la différence de la participation, les sommes versées au titre de l'intéressement sont immédiatement disponibles, sauf si les salariés décident individuellement de les placer sur un **plan d'épargne**.

### La participation aux bénéfices

■ La participation est un **dispositif obligatoire** pour les entreprises et les unités économiques et sociales (UES) employant au moins 50 salariés. Elle vise à redistribuer aux salariés une **partie des bénéfices**. Les entreprises de moins de 50 salariés peuvent mettre en place volontairement la participation.

■ **La participation est applicable aux salariés relevant du Code du travail, ce qui exclut les fonctionnaires et les agents publics.** Les entreprises publiques et sociétés nationales peuvent appliquer la participation à condition d'y avoir été autorisées par décret en Conseil d'État.

## 3. Les facteurs de motivation liés au contexte de travail

### La qualité de vie au travail

■ Tout d'abord, l'existence d'une **cohésion** et d'une **stabilité du groupe de travail** dans lequel l'individu est intégré constitue un facteur déterminant de la motivation. Ensuite, les relations de **respect**, de **confiance** et de **solidarité** entre les collaborateurs et avec la hiérarchie sont également facteurs de motivation*. Ces facteurs agissent sur le **climat social**, l'**ambiance de travail**, et plus globalement sur la **qualité de vie au travail.**

### Les groupes de projets

■ Favoriser l'**autonomie des salariés** par la délégation de pouvoir, l'appel à la créativité, la prise de responsabilité est un important levier de la motivation individuelle. Il s'agit alors de mettre en place des **processus participatifs** fondés sur une **délégation du pouvoir** afin de permettre aux employés de s'exprimer sur le **contenu** et leur **cadre de travail**.

### La valorisation individuelle

■ Pour les fonctionnaires, la **participation à une mission de service public** et l'adhésion à des **valeurs sociales** constituent des facteurs de motivation.

■ Pour les membres des organisations, la motivation passe également par la **valorisation des compétences individuelles**, notamment grâce à la formation. De même, la **reconnaissance des résultats** (individuels et collectifs) par la hiérarchie et la prise en compte des attentes personnelles sont des facteurs d'**épanouissement personnel**, d'**estime** et de **valorisation de soi** en général.

**VOIR AUSSI**

• **La culture de l'organisation** *(fiche 42)*

**MOTS CLÉS**

• **Facteurs de motivation**

**TESTEZ-VOUS**

**A.** Comment peut-on définir la motivation ?
**B.** Distinguez intéressement et participation.
**C.** Qu'est-ce que la qualité de vie au travail ?
**D.** En quoi la valorisation individuelle est-elle un facteur de motivation ?

*Corrigés p. 120.*

# LA CULTURE DE L'ORGANISATION

42

## 1. La culture de l'organisation, facteur de motivation

### Les composantes de la culture organisationnelle

■ La notion de culture suppose l'existence d'un « nous » auquel des individus appartiennent. En théorie des organisations, on étudie la culture organisationnelle en s'intéressant aux artefacts, aux valeurs, aux croyances et aux symboles :

– Les **artefacts** sont les **éléments visibles**, **tangibles et audibles** qui constituent la culture d'un groupe. Il peut s'agir d'objets physiques (un bâtiment, des vêtements...), de comportements (cérémonies, traditions...) et de paroles (anecdotes, histoires, métaphores...).

– Les **valeurs** sont les normes de comportement acceptées et reconnues par les membres d'un groupe. Il s'agit, en quelque sorte, des principes qui sont importants pour eux (la liberté, la tradition, la réputation...).

– Les **croyances** sont, quant à elles, les conceptions fondamentales de la nature humaine et de la société que les membres d'un groupe véhiculent.

– Les **symboles** permettent de faire une association plus ou moins consciente entre les éléments tangibles auxquels ils se rapportent et la signification que l'on désire leur associer.

### Le partage de valeurs

■ La culture d'une organisation véhicule des **valeurs** qui dictent les comportements des membres de l'organisation. Ces individus agissent dans leur vie personnelle en fonction de valeurs auxquelles ils sont attachés. Lorsque ces **valeurs individuelles sont en harmonie avec les valeurs diffusées dans l'organisation**, les salariés qui les partagent sont motivés par des **sentiments de sécurité**, **d'appartenance et d'épanouissement.**

■ Les valeurs de l'organisation ont pour fonction de **fédérer les énergies** et d'orienter les comportements de ses membres vers la **réalisation des objectifs stratégiques**.

### Le sentiment d'appartenance

■ Tous les salariés motivés et impliqués dans une organisation parlent très souvent à la première personne du pluriel lorsqu'ils évoquent leur organisation. En parlant de « chez nous », pour parler de leur cadre de travail, ils témoignent ainsi de leur profond **attachement aux valeurs de leur organisation** et montrent une **fierté** d'en être membres. Ce **sentiment d'appartenance** est un facteur d'implication et de motivation*.

VOIR AUSSI

• **Les facteurs de motivation** *(fiche 41)*

MOTS CLÉS

• **Facteurs de motivation**

TESTEZ-VOUS

**A.** Comment peut-on définir la culture d'une organisation ?
**B.** Qui assure la diffusion des valeurs dans une organisation ?
**C.** Peut-on imposer une culture organisationnelle par la contrainte ?
**D.** Pourquoi la culture organisationnelle est-elle source de pouvoir ?

*Corrigés p. 120.*

■ L'adhésion aux valeurs de l'organisation crée un **climat émotionnel favorable à l'émergence de la motivation**. Pouvoir mettre en actes, dans le cadre de son activité professionnelle quotidienne, des valeurs auxquelles on adhère personnellement, renforce la motivation individuelle. Cette **harmonie entre les valeurs personnelles et celles diffusées par l'organisation** ne peut que fortifier les **sentiments d'appartenance, de sécurité et d'épanouissement**.

## 2. La diffusion de la culture organisationnelle

### La promotion des valeurs

■ Dans une organisation, la **promotion des valeurs** appartient aux **dirigeants** et aux **équipes de responsables** (cadres, managers, chef de service, etc.). Il leur appartient de **choisir les valeurs qu'ils veulent promouvoir** au sein de leur organisation et de leurs services. Ce sont elles qui vont **fédérer les énergies**, **orienter les comportements individuels** et créer un contexte de travail **propice à la motivation et favorable à l'implication**.

### L'adhésion volontaire aux valeurs

■ L'influence de la culture d'une organisation sur la motivation suppose que les valeurs qu'elle véhicule soient **adoptées par la majorité de ses membres** et qu'elles concourent à la **réalisation des objectifs stratégiques** de l'organisation. Il est impossible d'imposer des valeurs par la contrainte ; les valeurs ne peuvent se transmettre que par **imprégnation**.

### La légitimité des managers

■ La culture établit les **bases du pouvoir dans l'organisation**. Elle en légitime la répartition en désignant les détenteurs « naturels » du pouvoir et en basant leur position sur une **source de légitimité**. C'est le cas par exemple quand les dirigeants de l'organisation sont ses **fondateurs**, ou quand un responsable de production a un rôle dominant parce qu'il a hérité du **passé glorieux de son entreprise**.

■ Dans tous les cas, les valeurs d'une culture organisationnelle **doivent toujours évoluer** pour ne pas se retrouver en déphasage par rapport aux valeurs d'une société.

43

# LE STRESS AU TRAVAIL

## 1. Stress et risques psychosociaux

### Le stress au travail

■ L'Agence européenne pour la sécurité et la santé au travail définit le stress au travail* comme le résultat d'un déséquilibre entre **les demandes et les pressions exercées sur une personne** d'une part, et les **connaissances et capacités dont cette personne dispose pour y faire face** d'autre part. Le stress remet en cause sa **capacité à accomplir son travail**.

■ Les effets du stress ne sont pas uniquement de nature psychologique. Il affecte également la santé physique, le bien-être et la productivité. Le stress résulte donc d'un décalage entre les capacités individuelles et les exigences de l'environnement de travail.

### Les risques psychosociaux

■ Liés aux relations humaines au travail, les **risques psychosociaux** recouvrent les risques rencontrés dans la sphère professionnelle pouvant porter atteinte à la santé mentale des individus, voire à leur intégrité physique. Il s'agit de tous les **signes personnels manifestant des difficultés d'adaptation aux contraintes du travail**, quelle que soit la nature de ces contraintes : état de tension, anxiété, problèmes de sommeil, fatigue, faible satisfaction au travail, perception amplifiée des contraintes au travail, etc.

## 2. Les causes et les conséquences du stress au travail

### Le contexte économique et social

■ Dans les entreprises, l'**impératif de compétitivité** engendrée par une **concurrence accrue sur les marchés** impose une course à la **productivité** et une recherche permanente de **performance** et d'excellence qui modifient le travail et les relations professionnelles. Les salariés sont plus polyvalents et autonomes tout en étant beaucoup **plus isolés** et **plus individualistes**. Les contrats de travail (CDD, intérim...) deviennent **plus flexibles**, générant de l'incertitude sur l'avenir professionnel.

■ Au niveau de l'organisation du travail, la **gestion en flux tendus** remet en cause l'élaboration d'une réflexion sur les tâches et les activités. Les salariés passent très rapidement d'une **tâche** ou **d'une activité à une autre** en privilégiant l'urgent sur l'important et l'important sur l'essentiel. La frontière entre la vie professionnelle et personnelle tend à disparaître.

VOIR AUSSI

- **Les facteurs de motivation** *(fiche 41)*
- **La culture de l'organisation** *(fiche 42)*

MOTS CLÉS

- **Stress au travail**
- **Risques psychosociaux**
- **Performance**

### Le cadre de travail

■ Le **milieu du travail** joue un rôle majeur dans le stress vécu par les salariés. Les **réorganisations fréquentes du travail** remettent régulièrement en question les postes de travail et déstabilisent les salariés sur le plan psychologique. L'évolution rapide des technologies de l'information et de la communication impose une **adaptation permanente des salariés à de nouveaux outils de travail**. La surcharge de travail, l'absence de participation aux décisions, le manque de reconnaissance constituent également des facteurs de stress au travail.

### Les conséquences du stress

■ Le **stress professionnel** apparaît comme l'un des risques auxquels les entreprises sont confrontées. Les conséquences du stress, outre les effets sur la santé des salariés, affectent la **performance des organisations** et **coûtent cher à la collectivité**.

## 3. Les moyens de lutter contre le stress

### Les actions individuelles

■ L'individu peut mettre en place des **actions personnelles pour maîtriser son stress** : activités de relaxation, gestion du stress… Dans le cadre du travail, la lutte contre le stress consiste à se fixer des limites, à anticiper les situations stressantes, à déléguer certaines activités, etc.

### Les réponses organisationnelles

■ À un premier niveau, il convient d'agir directement sur le **contenu** et les **conditions de travail** : amélioration de l'ergonomie, meilleure organisation du travail, évaluation de la charge de travail, etc.

■ Sur un deuxième plan, il s'agit de clarifier les **rôles et les responsabilités des individus** dans l'organisation afin que ceux-ci puissent se positionner et préciser leurs attentes et leurs objectifs en termes de **perspectives professionnelles**.

■ Les réponses organisationnelles passent enfin par la **reconnaissance** et le soutien, l'**échange** avec le supérieur et les collègues, l'augmentation du degré de participation des employés aux décisions importantes de l'organisation.

TESTEZ-VOUS

**A.** Qu'est-ce que le stress au travail ?
**B.** Quelles sont les causes du stress au travail ?
**C.** Quelles sont les conséquences organisationnelles du stress ?
**D.** Comment l'organisation peut-elle lutter contre le stress ?

*Corrigés p. 120.*

44

# LE PROCESSUS STRATÉGIQUE

## 1. Stratégie, métier et mission

### La notion de stratégie

■ La stratégie peut être définie comme l'**orientation des activités d'une organisation à long terme** destinée à consolider ou à obtenir un **avantage concurrentiel** grâce à la mobilisation des **ressources** et des **compétences** de l'organisation dans un environnement incertain.

■ La **stratégie d'entreprise** a pour but d'assurer la **pérennité de l'entreprise** en répondant aux attentes de l'ensemble de ses parties prenantes et en augmentant la valeur de ses différentes composantes.

■ Dans chaque organisation, la stratégie découle d'un **processus de management stratégique*** intégrant plusieurs étapes successives et consistant à définir ce qu'elle sait faire, ce qu'elle veut faire et comment elle veut le faire.

### Les notions de métier et de mission

■ La stratégie est nécessairement **dépendante de la finalité de l'organisation**. Avant d'élaborer une stratégie, une organisation doit nécessairement identifier son **métier** ou sa **mission***.

■ Dans l'entreprise, la stratégie est fondée sur la notion de **métier** qui résulte d'une **combinaison de savoir-faire** et de **compétences distinctives** propres à l'entreprise et adaptées à un marché ou à un secteur d'activité.

■ Pour les autres organisations, la mission correspond à leur vocation à satisfaire un intérêt général, un intérêt collectif ou des intérêts particuliers. La mission s'articule autour de finalités non lucratives.

## 2. Les grandes étapes du processus stratégique

### Le diagnostic stratégique

■ Le **diagnostic stratégique** constitue la première étape du processus (ou de la démarche) stratégique. Il compte :
– une **dimension interne** par l'étude des ressources et l'analyse des compétences propres à l'organisation ;
– une **dimension externe** par l'examen des composantes propres à l'environnement de l'organisation.

■ La phase de diagnostic stratégique permet de répondre aux questions « Qui sommes-nous ? » et « Où peut-on aller ? ». L'objectif est de mettre

VOIR AUSSI

- **Les caractéristiques des entreprises** *(fiche 9)*
- **Les composantes du diagnostic interne** *(fiche 45)*
- **Les composantes du diagnostic externe** *(fiche 46)*
- **Les sources de l'avantage concurrentiel** *(fiche 47)*

MOTS CLÉS

- **Stratégie globale**
- **Processus stratégique**
- **Domaine d'activité stratégique**
- **Avantage concurrentiel**
- **Compétences distinctives**

TESTEZ-VOUS

**A.** Comment peut-on définir la stratégie ?
**B.** Quelles sont les étapes du processus stratégique ?
**C.** À quelles questions répond le diagnostic stratégique ?
**D.** Qu'est-ce qu'une stratégie globale ?

*Corrigés p. 120.*

en évidence le **métier** de l'entreprise ou la **mission** de l'organisation publique ou associative.

## La fixation des objectifs stratégiques

■ Cette seconde étape répond à la question « Où veut-on aller ? » :
– pour une entreprise, les **objectifs stratégiques** sont définis par l'**équipe dirigeante au niveau global** et concernent son **métier** ;
– pour une organisation publique, ils sont définis par les pouvoirs publics dans le cadre de **politiques publiques** et concernent des **missions d'intérêt général** ;
– pour une association, ils sont définis **collectivement** au regard des **missions assignées** et en conformité avec les statuts.

■ Dans les grandes entreprises, les objectifs sont assignés globalement, on parle alors de **stratégie globale** et pour chaque **domaine d'activité stratégique** (DAS). Un DAS est une **sous-partie autonome de l'organisation** résultant d'une segmentation du marché et correspondant à une combinaison spécifique de ressources et de compétences distinctives*.

■ Dans les autres organisations, les objectifs sont fixés dans le cadre de **programmes** ou de **plans d'actions**.

## La décision ou le choix stratégique

■ L'étape du **choix stratégique** permet de répondre à la question « Comment allons-nous y parvenir ? ». La décision stratégique consiste à **définir la stratégie** et à **choisir les moyens** à mettre en œuvre pour réaliser les objectifs stratégiques. C'est ce choix stratégique qui procurera un **avantage concurrentiel*** à l'organisation ou qui valorisera celui qu'elle détient déjà.

■ La **mise en œuvre de la stratégie** nécessite une multitude de décisions stratégiques et opérationnelles qui s'articulent de manière cohérente entre elles et avec les objectifs stratégiques, formant ainsi un système de décisions complexe.

■ Le **contrôle stratégique** consiste à évaluer en permanence le **décalage éventuel** entre les résultats et les objectifs stratégiques.

■ La démarche stratégique* est un processus continuel car le contrôle peut conduire à une révision des objectifs stratégiques ou, en tout cas, à un ajustement permanent entre les objectifs stratégiques et les résultats atteints ou anticipés.

# LES COMPOSANTES DU DIAGNOSTIC INTERNE

45

## 1. L'analyse des ressources stratégiques

### La notion de ressource stratégique

■ Toutes les ressources d'une organisation n'ont pas la même valeur. Une **ressource stratégique** peut être définie comme tout ce qu'une organisation peut mobiliser pour générer un **avantage concurrentiel**.

■ Pour une entreprise, il appartient au dirigeant de choisir une stratégie qui exploite le mieux les **ressources spécifiques** de l'entreprise dans la mesure où celles-ci sont valorisées et recherchées sur le secteur d'activité ou le marché convoité par la concurrence.

■ En somme, une entreprise doit toujours se constituer un **portefeuille de ressources valorisables** dans le contexte concurrentiel où elle conduit ses activités et où elle définit sa stratégie.

### L'identification des ressources internes

■ Le diagnostic stratégique consiste donc à identifier des **ressources stratégiques** (ou spécifiques) parmi les ressources internes :
– **ressources physiques** : caractéristiques quantitatives et qualitatives des moyens de production (coûts et capacités de production, flexibilité, âge des équipements, niveau de technologie, qualité du service, etc.) ;
– **ressources humaines** : caractéristiques quantitatives et qualitative des membres de l'organisation (savoir-faire, expertise, expérience, qualification, adaptabilité, capacité d'innovation, climat social…) ;
– **ressources financières** : caractéristiques du potentiel de financement (trésorerie, capital, impôts, cotisations, etc.) ;
– **ressources immatérielles ou intangibles** : actifs incorporels comme la recherche et développement R&D (brevets, marques, expertise, réputation, image de marque, etc.).

■ Cependant, c'est grâce à la **coordination des ressources stratégiques** qu'une organisation peut dégager un avantage concurrentiel. Quel que soit le type d'organisation, cette **capacité à combiner avec efficacité des ressources stratégiques** constitue une compétence fondamentale.

## 2. L'évaluation des compétences distinctives

### La notion de compétence d'une organisation

■ Les **compétences d'une organisation** désignent des capacités particulières à **déployer des ressources spécifiques** de façon organisée pour atteindre des objectifs stratégiques. Les compétences d'une organisation sont **collectives** et se distinguent donc des compétences individuelles des personnels que l'on appelle compétences professionnelles.

■ Les compétences d'une organisation correspondent aux **compétences de management** et concernent donc les capacités à piloter l'organisation, à organiser la production, à animer et mobiliser les hommes et à diriger l'organisation.

### Les compétences distinctives ou fondamentales

■ Certaines compétences possèdent un **caractère stratégique** : ce sont des **compétences distinctives** ou **compétences fondamentales** qui permettent à une organisation de se distinguer des autres. Une compétence distinctive ou fondamentale est une compétence sur laquelle une organisation fonde un **avantage concurrentiel**.

■ Le diagnostic interne* consiste donc à identifier les compétences fondamentales de l'organisation, à les évaluer et à envisager le cas échéant leur valorisation et leur développement.

## 3. La capacité stratégique de l'organisation

### Les forces et les faiblesses de l'organisation

■ Le diagnostic interne permet de déterminer la **capacité stratégique d'une organisation** en termes **de forces et de faiblesses**, c'est-à-dire sa capacité (ou non) à formuler une stratégie qui doit lui permettre d'obtenir, de conserver ou de développer un avantage concurrentiel.

### L'adéquation avec la demande

■ L'organisation doit donc vérifier si ses **ressources stratégiques** et ses **compétences fondamentales** lui permettent de proposer une offre (de biens ou de services) en adéquation avec les besoins et les attentes de ses clients ou usagers, et distincte de l'offre de la concurrence, si celle-ci existe.

**VOIR AUSSI**


- **Le processus stratégique** *(fiche 44)*
- **Les composantes du diagnostic externe** *(fiche 46)*
- **Les sources de l'avantage concurrentiel** *(fiche 47)*


**MOTS CLÉS**

- **Diagnostic interne**
- **Ressource stratégique**

**TESTEZ-VOUS**

**A.** Qu'est-ce qu'une ressource stratégique ?
**B.** En quoi une compétence est-elle distinctive ?
**C.** D'où provient l'avantage concurrentiel ?
**D.** Qu'appelle-t-on capacité stratégique ?

*Corrigés p. 120.*

# LES COMPOSANTES DU DIAGNOSTIC EXTERNE

46

## 1. L'analyse des composantes de l'environnement

### L'analyse préalable du macroenvironnement

■ Le diagnostic externe* correspond à une identification et une analyse approfondie des **facteurs environnementaux** qui ont et qui auront un **impact réel sur l'organisation** en termes de **menaces** (effets négatifs sur l'organisation) ou d'**opportunités** (effets positifs sur l'organisation). Le même environnement peut être porteur d'opportunités pour une organisation et représenter des menaces pour une autre.

■ Pour les dirigeants d'une organisation, il s'agit à la fois de **comprendre** et d'**anticiper l'évolution de l'environnement** afin de dégager des scénarios possibles profitables à l'organisation. Le diagnostic externe suppose donc le traitement d'informations qui constituent autant d'indicateurs sur l'évolution réelle ou anticipée de l'environnement.

### La nécessité d'une veille informationnelle

■ La **veille informationnelle** représente un atout stratégique pour les organisations car elle permet d'anticiper les tendances en matières réglementaire, sociale, juridique, culturelle... et d'être ainsi en première position pour **répondre aux attentes** ou **satisfaire de nouveaux besoins**.

■ Pour une entreprise, la veille informationnelle suppose, au préalable, l'identification de son **cœur du métier**. Pour d'autres organisations, il s'agit d'abord d'identifier leurs **missions**.

### L'analyse stratégique du marché

■ Pour une entreprise, l'**analyse stratégique du marché** passe par l'analyse du **marché réel** et du **marché potentiel**. Le diagnostic de la demande consiste à analyser l'ensemble des **caractéristiques de la demande** et à anticiper son évolution pour se forger une idée sur les tendances du marché en termes d'opportunités et de menaces.

■ L'analyse stratégique suppose également le **diagnostic de l'offre** de l'entreprise concernée et celle de la concurrence directe et indirecte.

## 2. L'analyse de l'environnement concurrentiel

### Forces concurrentielles et veille concurrentielle

■ L'**intensité de la concurrence** sur un marché ou sur un secteur d'activité

VOIR AUSSI

- **L'organisation et son environnement** *(fiche 16)*
- **Le processus stratégique** *(fiche 44)*
- **Les composantes du diagnostic interne** *(fiche 45)*
- **Les sources de l'avantage concurrentiel** *(fiche 47)*

MOTS CLÉS

- **Diagnostic externe**
- **Macro-environnement**
- **Veille concurentielle**

TESTEZ-VOUS

**A.** Quelles sont les deux dimensions du diagnostic externe ?
**B.** Qu'apporte la veille concurrentielle ?
**C.** En quoi consiste une force concurrentielle ?
**D.** Qu'appelle-t-on double diagnostic ?

*Corrigés p. 120.*

définit la force avec laquelle chacun de ses éléments agit sur l'attrait du marché ou du secteur en termes de **profit** et de **rentabilité**.

■ L'analyse de l'intensité de la concurrence passe d'abord par l'**analyse des entreprises directement rivales** et de leurs rapports de force. La pression qu'exercent les **clients** et les **fournisseurs** sur l'entreprise fait également l'objet d'une analyse. Cette pression s'exerce notamment à travers le prix.

■ L'analyse porte sur les **offreurs de produits de substitution ou de remplacement**, c'est-à-dire les entreprises d'autres secteurs qui proposent des produits satisfaisant les mêmes besoins.

■ La **veille concurrentielle** consiste à rechercher des informations sur les concurrents qui permettront d'**anticiper leurs actions et de prévoir leurs stratégies**.

## L'analyse spécifique des groupes stratégiques

■ Dans un secteur d'activité donné, des entreprises peuvent suivre la **même stratégie** ou une stratégie similaire. Ces entreprises forment alors un **groupe stratégique**. Le repérage des groupes stratégiques permet à une entreprise de réfléchir à l'opportunité de modifier sa stratégie pour améliorer sa compétitivité, voire de se retirer du secteur pour se développer sur un autre lorsqu'elle estime ne pas disposer d'atouts suffisants sur ce secteur.

## Le diagnostic des opportunités et des menaces

■ En fin de compte, le **diagnostic externe** est une facette du **diagnostic stratégique** qui compte également le **diagnostic interne**. C'est le diagnostic stratégique dans son ensemble, c'est-à-dire l'articulation entre le diagnostic externe et le diagnostic interne, qui permet à l'organisation de se positionner face à la concurrence.

■ Le diagnostic externe correspond à une **double analyse de l'environnement et des forces concurrentielles**. L'objectif principal est de savoir si le secteur auquel appartient (ou souhaite appartenir) l'organisation, et plus particulièrement l'entreprise, est **attractif** (existence de nombreuses opportunités) ou au contraire **répulsif** (existence d'importantes menaces).

# LES SOURCES DE L'AVANTAGE CONCURRENTIEL

47

## 1. L'identification de l'avantage concurrentiel

### Les facteurs de succès

- Le diagnostic stratégique articule les **conditions environnementales** (opportunités et menaces de l'environnement) avec le **potentiel de l'organisation** (forces et faiblesses internes). Ce double diagnostic externe et interne permet à l'organisation d'identifier quels sont les facteurs qui constituent les **bases de son succès** sur un marché ou un secteur d'activité et de déterminer si ceux-ci constituent, ou peuvent constituer, une **source d'avantages concurrentiels** pour l'organisation.
- Les **facteurs de succès** sont les éléments stratégiques qu'une entreprise doit maîtriser pour détenir une capacité concurrentielle ou compétitive dans une activité ou un secteur d'activité donné.
- Un facteur de succès est fondé sur un **ensemble de ressources et de compétences** requis pour produire une offre à la fois **différenciée et attractive** grâce à la maîtrise des coûts, à la qualité du produit (bien ou service), à son caractère innovant, etc.

### La place de l'innovation

- L'**innovation technologique**, le potentiel de recherche, l'accès aux sources d'approvisionnement, la qualification et le savoir-faire du personnel, la qualité de conception de produits, la flexibilité de l'outil de production, les performances de la force de vente, le contrôle du circuit de distribution, l'efficacité du service après-vente, les disponibilités de financement... constituent autant de **facteurs de succès** à l'origine d'avantages concurrentiels pour l'organisation qui les détient et les valorise.
- Dans tous les cas, une organisation doit hiérarchiser les facteurs de succès d'une activité pour dégager les plus importants, c'est-à-dire ceux qui sont, pour elle, **sources d'avantages concurrentiels**.

## 2. Les fondements de l'avantage concurrentiel

### Une offre distinctive

- Pour être concurrentielle ou compétitive, une organisation doit être capable de **proposer une offre possédant des caractéristiques jugées uniques** par les clients, les usagers, les adhérents, les utilisateurs... disposés alors à payer plus cher (dans le cas d'un produit marchand), ou elle doit être capable **de produire une offre à des coûts** sensiblement **inférieurs** à ceux de ses **concurrents**. En d'autres termes, une organisation, et notamment une entreprise, peut détenir un avantage concurrentiel fondé sur la **différenciation par la qualité** ou un avantage concurrentiel reposant sur une **maîtrise des coûts** suffisante pour rendre le prix de vente très concurrentiel.

## Le cas spécifique de l'entreprise

■ Pour atteindre un niveau de rentabilité suffisant, une entreprise peut agir sur le niveau de coût auquel elle produit son offre et sur le prix de l'offre payé par ses clients. Une entreprise pourrait donc chercher à **réduire ses coûts** et à augmenter ses prix. Mais la réduction des coûts de production entraîne souvent une diminution de la valeur de l'offre aux yeux du client, ce qui conduit à terme l'entreprise à baisser les prix. De même, pour augmenter le prix de l'offre, une entreprise doit **valoriser son offre**, ce qui l'amène à augmenter ses coûts. En somme, pour être performante et compétitive, une entreprise doit être capable de faire payer à ses clients un prix plus élevé que ces concurrents en produisant une offre suffisamment différenciée ou distinctive pour que les clients y attachent de la valeur, ou bien avoir des coûts plus faibles que ses concurrents.

## Le progrès technologique

■ Par ailleurs, le **progrès technologique** constitue une des grandes **forces motrices de la concurrence** dans beaucoup de secteurs d'activités. C'est un facteur déterminant de succès qui modifie en permanence les règles de la concurrence. Ainsi, la technologie peut constituer pour certaines entreprises un **avantage concurrentiel** et exclure du même coup d'autres entreprises d'un secteur d'activité ou d'un marché.

■ La technologie influe surtout sur l'avantage concurrentiel quand elle agit sur les **coûts** ou sur la **différenciation de l'offre** de l'organisation. En effet, c'est lorsqu'elle est incorporée dans les activités créatrices de valeur que la technologie a des effets déterminants sur l'avantage concurrentiel.

### VOIR AUSSI


- **Le processus stratégique** *(fiche 44)*
- **Les composantes du diagnostic interne** *(fiche 45)*
- **Les composantes du diagnostic externe** *(fiche 46)*


### MOTS CLÉS

- **Avantage concurrentiel**
- **Innovation**

### TESTEZ-VOUS

**A.** Qu'appelle-t-on facteur de succès ?
**B.** Quelles sont les sources de l'avantage concurrentiel ?
**C.** Quels sont les deux grands axes de l'avantage concurrentiel ?
**D.** Quelle est la place du progrès technologique dans l'avantage concurrentiel ?

*Corrigés p. 121.*

# LA STRATÉGIE DE SPÉCIALISATION

48

## 1. Les fondements de la stratégie de spécialisation

### Le métier de l'entreprise

■ Une entreprise met en œuvre une **stratégie de spécialisation*** quand elle choisit de fonder ses activités sur **un seul métier**. Ainsi, les stratégies de spécialisation reposent le plus souvent sur la **maîtrise d'un savoir-faire**. La maîtrise d'un savoir-faire confère en effet à l'entreprise une expérience (technologique, commerciale...) qui lui permet de minimiser ses coûts, et donc de satisfaire la demande du marché à de meilleures conditions que la concurrence.

■ La **spécialisation sur un métier** implique que l'entreprise mobilise ses **compétences distinctives** et ses **ressources spécifiques** pour augmenter ses parts de marché au détriment de ses concurrents.

### Les objectifs de la spécialisation

■ Les stratégies de spécialisation sont adaptées à un métier ou un domaine d'activité qui présente des **perspectives importantes de développement**. Une entreprise peut choisir de se spécialiser pour couvrir la demande sur un marché en croissance offrant des **opportunités*** et des **perspectives favorables**. Une entreprise peut également consolider une spécialisation qu'elle a développée précédemment sur un marché en **pleine maturité** où la demande est plus distinctement caractérisée.

## 2. Les modalités de la stratégie de spécialisation

### Le couple produits/marchés

■ Il est habituel d'analyser les stratégies de spécialisation dans une **matrice produits/marchés** : l'entreprise peut se développer avec les mêmes produits, ou en élargissant la gamme de ses produits, tout en **conservant le même métier**. Les modalités de la stratégie de spécialisation sont alors déclinées en fonction de la **combinaison de ces deux paramètres**.

### Les axes de la spécialisation

■ La **spécialisation par pénétration de marché*** consiste à accroître les parts de marché de l'entreprise en valorisant ses activités et ses produits (biens ou services). L'objectif est alors de **renforcer la position de l'entreprise** sur le marché ou le secteur d'activité déjà exploité. Cette modalité passe souvent par une **politique commerciale** (prix, publicité, communication...).

VOIR AUSSI

• **Le processus stratégique** *(fiche 44)*

• **Les sources de l'avantage concurrentiel** *(fiche 47)*

MOTS CLÉS

• **Métier**
• **Spécialisation**

■ La **stratégie de développement du marché*** sert à rechercher de **nouveaux clients** afin d'élargir le marché de l'entreprise tout en conservant les mêmes produits. C'est le cas quand une entreprise ouvre son marché à des particuliers après l'avoir limité exclusivement à des professionnels.

■ La **stratégie de développement de produits*** permet d'**enrichir l'offre de produits** sur des marchés de base. Concrètement, l'entreprise élargit sa **gamme de produits** en créant de nouveaux modèles et de nouvelles versions de produits existants.

## 3. Les avantages et les limites des stratégies de spécialisation

### Les avantages de la spécialisation

■ La **stratégie de spécialisation** implique une concentration des ressources et des efforts, et donc une **absence de dispersion des actions stratégiques**. La clientèle est **peu diversifiée** et ses caractéristiques, ses besoins et ses attentes sont **mieux connus**. L'entreprise possède souvent un **haut niveau de maîtrise de son métier** et la spécialisation renforce son **degré d'expertise**.

■ En outre, la spécialisation consolide l'**image de marque** (de spécialiste) de l'entreprise et contribue au développement de son **expérience**. Enfin, grâce à des **économies d'échelle**, l'entreprise peut espérer réduire ses coûts de production en répartissant ses coûts fixes sur un plus grand nombre de produits.

### Les limites de la spécialisation

■ La stratégie de spécialisation rend l'entreprise très **sensible aux changements de l'environnement**. En effet, l'entreprise est **plus vulnérable** en cas de conjoncture défavorable sur le secteur ou le marché sur lequel elle est engagée. De même, si l'entreprise est confrontée à des **produits de substitution**, elle prend le risque de perdre une grande partie de sa clientèle.

■ En ce qui concerne la production, il existe un risque de **standardisation*** ou de **banalisation de l'offre** en cas d'absence d'innovation. L'entreprise doit nécessairement maintenir à un haut niveau ses **compétences distinctives**, notamment par la formation.

TESTEZ-VOUS

**A.** Sur quoi repose la stratégie de spécialisation ?
**B.** Quelles sont les modalités de la spécialisation ?
**C.** Donnez un avantage à la spécialisation.
**D.** Citez une limite à la spécialisation.

*Corrigés p. 121.*

# LA STRATÉGIE DE DIVERSIFICATION

49

## 1. Les fondements de la stratégie de diversification

### Les objectifs de la diversification

■ Les **objectifs de la stratégie de diversification*** sont différents selon la situation de l'entreprise. Il peut s'agir :
- de répartir les risques en équilibrant le portefeuille d'activités ;
- de relayer les activités menacées en saisissant des opportunités de marché ;
- de compenser la saisonnalité des activités ou de contrer un concurrent ;
- d'utiliser des surcapacités de production ou de placer des excédents financiers.

■ **En règle générale**, la diversification consiste, pour une entreprise, à s'engager sur de nouveaux domaines d'activité qui correspondent à de **nouveaux métiers***. L'entreprise peut y développer par extension ses compétences actuelles ou être amenée à acquérir de **nouvelles compétences**, ce qui est plus souvent le cas.

### Spécialisation et diversification

■ La stratégie de diversification peut résulter de l'**abandon d'une stratégie de spécialisation** en fonction du cycle de vie du métier de l'entreprise. En effet, lorsque le métier arrive en **phase de déclin**, trois options sont offertes au dirigeant :
- concentrer les efforts de l'entreprise sur une partie plus réduite du marché ;
- chercher à éliminer les concurrents qui subsistent sur le marché ;
- mettre fin à la production actuelle pour choisir de nouvelles activités et un nouveau métier. Ce dernier choix correspond à la diversification avec développement d'un nouveau métier.

■ Mais la diversification est aussi le fait d'une entreprise dont les activités actuelles génèrent un **excédent de ressources financières** pour permettre **l'entrée dans de nouveaux métiers sans nuire à la position concurrentielle actuelle**.

## 2. Une typologie des stratégies de diversification

### La diversification de placement*

■ Cette stratégie de diversification concerne les entreprises qui tirent

VOIR AUSSI

- **Le processus stratégique** *(fiche 44)*
- **Les sources de l'avantage concurrentiel** *(fiche 47)*

MOTS CLÉS

- **Métier**
- **Diversification**

de leur métier et de leurs activités principales un **excédent de liquidités** qui leur permet d'acquérir de nouvelles compétences qu'elles ne maîtrisent pas du tout ou très mal.

### La diversification de confortement*

■ Cette stratégie de diversification concerne les entreprises qui, grâce à une activité supplémentaire, cherchent à **bouleverser le jeu concurrentiel** qui leur est défavorable en renforçant par extension leurs activités existantes.

### La diversification de redéploiement*

■ Cette stratégie de diversification concerne les entreprises engagées dans des secteurs ou sur des segments d'activité en **phase de maturité**, qui **cherchent à se reconvertir** avant la **disparition de leur métier principal**.

### La diversification de survie*

■ Cette stratégie de diversification concerne les entreprises engagées dans des secteurs ou sur des segments d'activité en **phase de déclin** et qui recherchent de nouvelles activités et un **nouveau métier** pour assurer leur **pérennité**.

## 3. Les avantages et les limites des stratégies de diversification

### Les avantages de la diversification

■ La diversification réduit la **dépendance** de l'entreprise engagée sur un **secteur d'activité unique**. En effet, cette stratégie rend l'entreprise **moins dépendante des changements environnementaux** qui peuvent affecter ses activités ou son métier. La diversification permet à l'entreprise de **répartir ses risques stratégiques** sur plusieurs activités.

### Les limites de la diversification

■ La stratégie de diversification nécessite des **investissements matériels et financiers élevés**. Elle entraîne des **difficultés de coordination et d'organisation**. Les compétences et les ressources de l'entreprise risquent d'être dispersées, entraînant un **éparpillement des efforts** et un **manque d'unité ou de cohésion** dans la structure de ses activités.

TESTEZ-VOUS

**A.** Sur quoi repose la stratégie de diversification ?
**B.** Quelles sont les options de la diversification ?
**C.** Donnez un avantage à la diversification.
**D.** Citez une limite à la diversification.

*Corrigés p. 121.*

# LA STRATÉGIE DE DOMINATION PAR LES COÛTS

50

## 1. Effet d'expérience et domination par les coûts

### L'effet d'expérience

■ La **théorie de l'effet d'expérience** stipule que le coût d'une production exprimé en unités monétaires constantes baisse d'environ 10 à 30 % chaque fois que la production cumulée de ce produit est multipliée par deux. La représentation graphique de l'effet d'expérience prend la forme d'une courbe qui montre que **lorsque la production cumulée augmente, les coûts diminuent**.

■ Ceci est dû à **l'expérience de l'entreprise** qui apprend à gérer son activité de manière plus efficace au cours du temps. À partir de l'**expérience** acquise, elle développe un **savoir-faire** et des **compétences** qui lui permettent de **réduire ses coûts**.

### Coût et prix de l'offre

■ Le coût de l'offre est un élément déterminant du succès d'une organisation, car il rend le **produit plus attractif grâce au prix** et une organisation plus compétitive. L'objectif de la stratégie de domination par les coûts* est de **dominer les concurrents grâce à des prix de vente très compétitifs** permettant de réaliser de confortables marges. Elle consiste, pour une entreprise disposant d'un part de marché non négligeable, à atteindre de façon durable un **coût unitaire inférieur** à celui des concurrents pour un même niveau de qualité.

■ Les coûts d'un même produit varient d'une organisation à l'autre, d'une entreprise à l'autre. Dans tous les cas, les **coûts restent liés à de multiples facteurs** tels que le volume de production, l'innovation, la substitution de facteurs, l'intensité du capital, le coût et la substitution des facteurs de production, le taux d'utilisation des équipements, les frais de transport, etc. Mais pour une même organisation, les coûts évoluent dans le temps **sous l'effet de l'expérience**.

### Les autres effets sur les coûts

■ D'autres effets participent à la réduction des coûts :
- l'**effet de la spécialisation** et de la division du travail participent à l'accroissement de la productivité ;
- l'**effet d'innovation** rend les processus de production plus performants et les produits plus standardisés ;
- l'**effet d'échelle** permet de réduire certains coûts fixes unitaires grâce à la production en grande série.

VOIR AUSSI

- **Le processus stratégique** *(fiche 44)*
- **Les sources de l'avantage concurrentiel** *(fiche 47)*

MOTS CLÉS

- **Expérience**
- **Domination par les coûts**

TESTEZ-VOUS

**A.** Que montre l'effet d'expérience ?
**B.** Qu'est-ce qu'une économie d'échelle ?
**C.** Quels sont les deux types de domination par les coûts ?
**D.** Donnez un avantage de la domination par les coûts.

*Corrigés p. 121.*

## 2. Les deux grands types de domination par les coûts

### La stratégie de volume

■ Pour une entreprise, la **stratégie de volume** consiste à avoir une quantité de **production la plus élevée possible** pour conquérir la part de marché la plus importante, bénéficier alors de l'**effet d'expérience** pour obtenir des coûts les plus faibles et profiter des **économies d'échelle** pour diminuer le prix de vente.

### La stratégie d'efficience

■ La **stratégie d'efficience*** consiste, pour une entreprise, à **produire mieux**, c'est-à-dire à mettre en rapport les résultats obtenus et les moyens utilisés. Dans ce cas, l'avantage de coût n'est pas dû au volume, mais à des **facteurs de rationalisation des moyens de production** qui améliorent la **productivité** : utilisation de technologies plus performantes (robotisation, GPAO...), amélioration dans le processus de production, dans l'organisation du travail, etc.

### Avantages et risques de domination par les coûts

■ La stratégie de domination par les coûts procure une **rentabilité importante** à l'entreprise. Grâce à des coûts très compétitifs, l'entreprise est en **position de force** sur son marché, se **protège de la concurrence** et apparaît également moins vulnérable vis-à-vis des fournisseurs qui ont intérêt à préserver leurs relations avec l'entreprise.

■ En revanche, l'entreprise reste **sensible aux évolutions du marché**. En effet, sa production peut être remise en cause par l'**arrivée d'un concurrent** disposant d'une **technologie plus innovante** ou capable de mobiliser des ressources productives **plus importantes** ou **plus performantes**.

# LA STRATÉGIE DE DIFFÉRENCIATION

51

## 1. Les fondements de la différenciation

### La notion de différenciation

■ La différenciation consiste en une **distinction du produit** (bien ou service) offert par une organisation qui fait percevoir, aux yeux du consommateur, ce **produit comme unique** sur un secteur ou sur un marché donné.

■ Dans ce cas, une entreprise cherche par la différenciation à fonder son avantage concurrentiel sur la **spécificité de son offre**, cette spécificité étant valorisée ou reconnue par le secteur ou le marché. Du même coup, la différenciation permet à l'entreprise de rendre son **offre difficilement comparable** à celle de ses concurrents, et d'échapper ainsi à une concurrence directe par les prix.

■ Le plus souvent, la différenciation apporte une **valeur supplémentaire** (fonctionnelle ou psychologique) au client pour que celui-ci accepte de payer le produit à un prix plus élevé que celui offert par les concurrents.

### Les facteurs de différenciation

■ La **différenciation* du produit** peut s'appuyer sur **différents facteurs** :
- la qualité* intrinsèque du produit (fiabilité, qualité de fabrication, qualité des matières premières, traçabilité...) ;
- la qualité du service associé au produit (garantie, SAV, assistance, relation client...) ;
- l'esthétique du produit, l'efficacité du circuit de distribution (délais de livraison, suivi...) ;
- l'image de marque de l'entreprise (expertise, innovation, création...) ;
- l'originalité du conditionnement (*cf.* développement durable) ;
- l'innovation technologique, etc.

■ Pour avoir des chances de succès, une stratégie de différenciation doit réunir **trois conditions** :
- l'**offre doit être fortement différenciée** et la différence doit être perceptible par le consommateur ;
- la **demande doit être solvable**, c'est-à-dire que le consommateur doit pouvoir payer le produit ;
- la **part de marché doit être suffisante** pour développer un avantage concurrentiel.

VOIR AUSSI

- **Le processus stratégique** *(fiche 44)*
- **Les sources de l'avantage concurrentiel** *(fiche 47)*

MOTS CLÉS

- **Qualité**
- **Différenciation**

### Technologie et différenciation

■ Le plus souvent, pour faire apparaître le produit comme unique aux yeux du client, l'entreprise propose un produit dont les **caractéristiques sont innovantes**. Cette innovation apparente est rendue possible par l'**innovation technologique**. Cette innovation technologique développée par l'entreprise doit être **protégée de la concurrence** pour constituer un avantage concurrentiel. C'est pourquoi les entreprises déposent des **brevets** afin de se défendre contre le risque d'être copiées par la concurrence.

## 2. Grands types de différenciation

### Différenciation vers le haut

■ Les **stratégies de différenciation vers le haut** correspondent soit à une **amélioration de l'offre** (la valeur perçue est supérieure à celle des concurrents), soit à une **spécialisation de l'offre** (destinée à un segment de marché pour répondre à des besoins mal ou non satisfaits).

### Différenciation vers le bas

■ Les **stratégies de différenciation vers le bas** correspondent soit à une **épuration de l'offre** (simplification des caractères perçus du produit permettant de le proposer à un prix moindre), soit à une **limitation de l'offre** (destinée à un segment de marché particulier pour lequel certaines caractéristiques de l'offre importent peu).

## 3. Avantages et risques

### Les avantages de la différenciation

■ La stratégie de différenciation **protège l'entreprise de la concurrence** et repousse la menace de produits de substitution. L'entreprise échappe à la **concurrence directe par les prix** et établit d'une certaine manière des barrières à l'entrée pour les concurrents éventuels.

### Les risques liés à la différenciation

■ Le client doit payer un **prix souvent important** qui s'écarte du prix moyen d'un produit comparable. Le produit risque d'être **copié** (*cf.* contrefaçons) ou de faire l'objet d'une **imitation**.

TESTEZ-VOUS

**A.** Sur quoi repose la différenciation ?
**B.** Quelle place tient la technologie dans la différenciation ?
**C.** Quelles sont les deux formes de la différenciation ?
**D.** Donnez un avantage de la différenciation.

*Corrigés p. 121.*

# LA STRATÉGIE D'EXTERNALISATION

52

## 1. Les fondements de l'externalisation

### La définition de l'externalisation

■ L'externalisation désigne la décision prise par une entreprise de **recourir à un prestataire extérieur**, souvent dans une perspective de long terme, pour **faire faire** tout ou une partie d'une ou plusieurs fonctions de l'entreprise (production, comptabilité, logistique, distribution...). À l'origine, l'externalisation concernait uniquement le transfert d'activités que l'entreprise ne considérait pas comme son cœur de métier. De plus en plus, elle s'applique à **n'importe quelle activité de l'entreprise**. Par conséquent, l'externalisation oblige à repenser la gestion des ressources humaines et à modifier l'organisation de l'entreprise.

### Les raisons d'externaliser

■ Une entreprise peut décider d'externaliser ses activités pour **plusieurs raisons**. Elle peut chercher à profiter d'un **savoir-faire** ou d'une **expertise** qu'elle ne détient pas. L'entreprise choisit de ne pas investir en interne pour des **raisons de coûts** et s'oriente alors vers un prestataire extérieur avec lequel elle va passer un contrat.

## 2. Typologie des modes d'externalisation

### Les principales modalités d'externalisation

■ On peut distinguer quatre grandes modalités d'externalisation :
- la **sous-traitance*** : l'entreprise (donneur d'ordre) confie à des partenaires extérieurs tout ou partie d'une activité donnée ;
- la **cotraitance** : l'entreprise et un partenaire extérieur réalisent en commun une activité précise ;
- la **commission** : l'entreprise confie à des partenaires externes une ou plusieurs fonctions (affacturage, gestion de la paye) en les rémunérant par une commission ;
- la **concession**, la **licence** ou la **franchise** : l'entreprise concède le droit d'exploiter sa marque, par exemple, à des tiers moyennant une redevance.

### La spécificité de la sous-traitance

■ La **sous-traitance** consiste pour une entreprise (le donneur d'ordre) à confier une partie de sa production (ou certaines étapes de sa fabrication) à une autre entreprise (le sous-traitant ou preneur d'ordre). Le donneur

VOIR AUSSI

- **L'externalisation de la production** *(fiche 24)*

MOTS CLÉS

- **Qualité**
- **Différenciation**

d'ordre conserve en général la responsabilité finale du produit.

■ La sous-traitance prend **trois formes principales** :
– la **sous-traitance de capacité** est celle à laquelle recourt de façon temporaire l'entreprise donneuse d'ordre confrontée à un surcroît d'activité en s'adressant à un confrère du même secteur d'activité ;
– la **sous-traitance de spécialité** est celle à laquelle recourt de façon durable le donneur d'ordre pour éviter la prise en charge de certaines activités, pour lesquelles il refuse de s'équiper ou de se spécialiser (cela correspond, dans l'esprit, à la démarche d'externalisation) ;
– la **sous-traitance de marché (ou communautaire)** est la prise en charge collective d'un chantier ou d'une adjudication exigeant une répartition des activités entre des entreprises appartenant à des corps de métiers différents.

■ Ce type de collaboration met en relation trois acteurs : le maître de l'ouvrage, l'entrepreneur principal et l'entreprise sous-traitante.

## 3. Les avantages et les risques de l'externalisation

### Les avantages de l'externalisation

■ L'avantage principal de la stratégie d'externalisation tient à la **réduction des coûts** (notamment salariaux). Dans le cas d'une sous-traitance de spécialité, l'entreprise profite d'un **savoir-faire** et de **compétences** spécialisés.

■ L'entreprise qui externalise peut se recentrer sur les fonctions ou les activités pour lesquelles elle détient des **compétences fondamentales** et qui sont créatrices de valeur.

■ Enfin, l'entreprise bénéficie d'une **meilleure souplesse** et d'une plus grande **réactivité** face à l'évolution des demandes du marché.

### Les risques de l'externalisation

■ L'entreprise donneur d'ordre est en **position de dépendance** à l'égard du sous-traitant et perd la maîtrise des délais. En cas d'externalisation de la fonction de production, il existe un **risque de perte de la qualité*** quand le cahier des charges n'est pas respecté par le prestataire, ce qui peut être préjudiciable à la **notoriété** ou à l'**image de marque de l'entreprise.**

TESTEZ-VOUS

**A.** Qu'est-ce que l'externalisation ?
**B.** Quelles sont les modalités de l'externalisation ?
**C.** Quelles sont les types de sous-traitance ?
**D.** Donnez un avantage de l'externalisation.

*Corrigés p. 121.*

# LA STRATÉGIE D'INTÉGRATION 53

## 1. Les deux axes de l'intégration

### L'intégration horizontale

■ **L'intégration* horizontale** est une stratégie de développement grâce à laquelle les activités d'une entreprise sont élargies à travers **l'union, le rachat ou l'alliance avec une autre entreprise** qui exerce les mêmes activités. Dans ce cas, l'entreprise reste sur son secteur ou son marché d'origine, mais cherche à accroître sa part de marché en renforçant sa position par rapport aux concurrents. L'intégration horizontale est souvent motivée par l'obtention d'**économies d'échelle**.

### L'intégration verticale

■ La stratégie d'intégration verticale consiste pour une entreprise à prendre le **contrôle de ses *inputs*** en amont, **de ses *outputs*** en aval, ou des deux à la fois, afin de maîtriser les **étapes de sa filière de production**. L'intégration verticale se traduit concrètement par l'acquisition d'activités **en amont** (par exemple, des fournisseurs) ou **en aval** (distributeurs, transporteurs, service après-vente...) dans une **logique de filière**.

■ L'intégration verticale est préférée quand le **coût** pour organiser au sein de l'entreprise des activités déterminées (intégration) est inférieur à celui qui serait nécessaire pour organiser un système de relations avec des entreprises prestataires extérieures.

## 2. Les formes de l'intégration verticale

### Les formes économiques

■ La stratégie d'intégration verticale revêt des **formes économiques** multiples en fonction du **nombre d'étapes intégrées** :

- La **stratégie d'intégration complète** quand toutes les activités de la filière (approvisionnement, production, distribution et administration) sont réalisées à l'intérieur de l'entreprise.
- La **stratégie d'intégration modulée** quand une partie des activités de la filière est confiée à des entreprises fournisseurs ou des distributeurs indépendants.
- La **stratégie de quasi-intégration** quand une partie des activités de la filière est confiée à des entreprises rattachées à l'entreprise par des contrats de concession, franchise ou sous-traitance.

VOIR AUSSI

- **L'externalisation de la production** *(fiche 24)*

MOTS CLÉS

- **Qualité**
- **Différenciation**

### Les formes juridiques

■ La stratégie d'intégration peut revêtir des **formes juridiques différentes** :
- La **fusion** est une réunion de deux entreprises ou plus qui donnent naissance à une **société unique** regroupant les actifs, les dettes et les capitaux propres des sociétés réunies.
– L'**absorption** est une association d'entreprises dont certaines, appelées sociétés absorbées, disparaissent au profit de l'une d'entre elles, appelée **société absorbante**. La société absorbante réunit alors tous les actifs des sociétés absorbées et reprend à sa charge leurs dettes.
– La **scission** est une forme juridique d'intégration qui entraîne la disparition d'une société qui répartit ses actifs et ses dettes entre au moins deux sociétés déjà existantes ou qui se créent à l'occasion de la scission.

## 3. Les avantages et les inconvénients de l'intégration verticale

### Les avantages de l'intégration

■ L'intégration verticale permet de **contrôler les approvisionnements** (en amont) et/ou la **distribution** (en aval). L'entreprise peut alors maîtriser tout ou partie de son **cycle d'exploitation** et des différentes étapes de la **filière de production**. En outre, l'entreprise s'approprie les **marges commerciales** des fournisseurs et/ou des distributeurs.

■ L'intégration verticale permet à l'entreprise d'acquérir de **nouvelles technologies** ou des **technologies innovantes** et de conquérir une **position dominante** par rapport à ses concurrents.

### Les inconvénients de l'intégration

■ L'intégration rend la **gestion des activités plus complexe** et impose une **bonne coordination des étapes et/ou des activités intégrées**. Cette stratégie modifie profondément la structure organisationnelle ainsi que les systèmes informationnel et décisionnel de l'entreprise qui doit nécessairement **décentraliser le pouvoir de décision**.

TESTEZ-VOUS

**A.** En quoi consiste l'intégration horizontale ?
**B.** Qu'est-ce que l'intégration verticale en amont ?
**C.** Quelles sont les formes juridiques de l'intégration ?
**D.** Donnez un avantage de l'intégration.

*Corrigés p. 121.*

# LES STRATÉGIES DES ORGANISATIONS PUBLIQUES

54

## 1. Missions et politiques publiques

### L'impératif d'intérêt général

■ Dans les organisations publiques, les missions sont définies dans le **cadre de l'intérêt général** à partir de la demande des citoyens. Les missions fondamentales des organisations publiques répondent à des **finalités non lucratives** et relèvent de la responsabilité conjointe de l'État et des collectivités territoriales qui définissent des **politiques publiques*** nationales ou locales.

■ Les missions nationales des organisations publiques rattachées à l'État sont définies chaque année par le Gouvernement à travers la **loi de finances.** La loi de finances fixe l'**architecture du budget de l'État** et les parlementaires votent donc le budget des politiques publiques nationales.

### Les politiques publiques

■ La **loi organique relative aux lois de finances** (LOLF) a profondément modifié la structure du budget de l'État. Depuis le 1er janvier 2006, le budget reflète désormais les **politiques publiques** menées par l'État à travers de **grandes missions** comme l'enseignement scolaire, la sécurité sanitaire, la solidarité et l'intégration, la culture, la défense, la justice, etc. Chacune de ces grandes missions fait l'objet d'un vote par les parlementaires qui apprécient les **objectifs de la mission** et évaluent les **moyens déployés** pour mettre en œuvre les politiques de l'État.

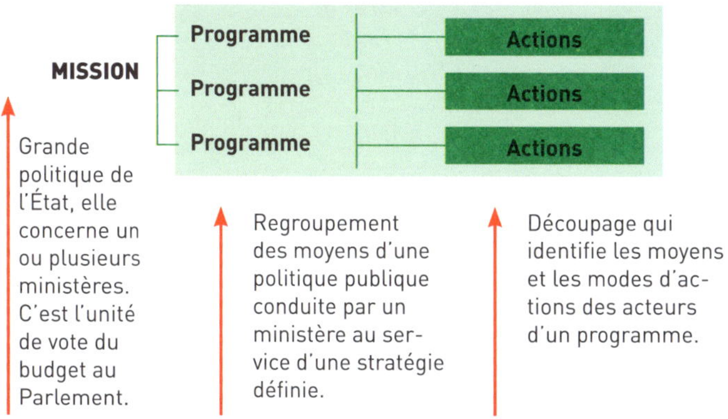


www.performance-publique.budget.gouv.fr

**VOIR AUSSI**

- **Les finalités des organisations publiques** *(fiche 10)*
- **Les caractéristiques des organisations publiques** *(fiche 11)*
- **Usager ou client du service public ?** *(fiche 12)*

**MOTS CLÉS**

- **Politique publique**
- **Transferts de compétences**
- **Valorisation des ressources locales**

**TESTEZ-VOUS**

**A.** Qu'est-ce qu'une politique publique ?
**B.** Qui est responsable d'une politique publique ?
**C.** À quoi sert la RGPP ?
**D.** Qu'appelle-t-on la décentralisation ?

*Corrigés p. 121*

■ Le budget général de l'État est présenté en **grandes missions** (32 missions en 2011) qui identifient les **grandes politiques de l'État**, en **programmes** (124 programmes en 2011) qui se déclinent en actions.

■ Le **responsable de programme**, placé sous l'autorité du ministre, élabore les objectifs stratégiques du programme, s'engage sur la réalisation des objectifs associés et assure sa mise en œuvre opérationnelle.

■ Une fois le budget exécuté, le programme fait l'objet d'un **rapport annuel de performances** qui permet au Parlement d'apprécier le bon usage qui a été fait de l'argent public, c'est donc un document clé pour le **contrôle de l'efficience de l'action publique** et la mise en œuvre de mesures correctrices pour l'exercice suivant.

### La révision générale des politiques publiques

■ Lancée officiellement par le Premier ministre le 10 juillet 2007, le chantier de la **révision générale des politiques publiques** (RGPP) a pour ambition de remettre à plat, « sans tabou ni *a priori* » l'ensemble des missions de l'État, pour **dépenser mieux** tout en **améliorant la qualité des services rendus**.

## 2. Les stratégies des collectivités territoriales

### Les politiques de décentralisation

■ Les **lois de décentralisation** ont marqué la volonté politique d'opérer une **redistribution des pouvoirs entre l'État et les collectivités locales** avec comme objectifs une meilleure efficacité de l'action publique et le développement d'une démocratie de proximité. La décentralisation est un processus consistant pour l'État à **transférer au profit des collectivités territoriales certaines compétences*** et les **ressources** correspondantes.

### Les nouvelles compétences territoriales

■ Une nouvelle catégorie d'établissements publics de coopération intercommunale est créée : **la métropole** dont la vocation est de mettre en œuvre les **politiques locales** qui ont notamment pour objectif la **valorisation des ressources locales*** (festivals, ville d'eau et ville d'art, parc naturel..).

# LES STRATÉGIES DES ASSOCIATIONS

55

## 1. Un cadre stratégique limité

### La contrainte de l'objet social

■ L'association est amenée à définir des stratégies limitées à la **réalisation de son objet social**. Les stratégies des associations sont donc expressément **limitées aux missions** qu'elles se sont assignées à travers leurs statuts et les orientations définies lors des assemblées générales d'adhérents.

### La diversification des ressources

■ Les stratégies des associations s'expriment essentiellement en termes de **développement et de mobilisation de ressources financières et humaines** et font l'objet d'un contrôle stratégique. Dans les associations, la réflexion stratégique est particulièrement orientée vers la **recherche et la pérennisation de ressources financières** (dons, subventions, mécénat, activités marchandes...) et **humaines** (recrutement et fidélisation des bénévoles notamment).

## 2. Le partenariat avec les organisations publiques

### Les associations partenaires des politiques publiques

■ Chaque année, la loi de finances et ses annexes définissent la stratégie, les objectifs prioritaires qui orientent **les politiques publiques** et précisent les programmes et leurs actions qui pourront être menées avec différents organismes comme les associations.

■ Les associations dont les **actions concordent avec les politiques publiques** peuvent faire une **demande de subvention**. La participation de l'action associative à la mise en œuvre d'une politique publique signifie que ses **activités seront subventionnées** et que l'association inscrira son action dans la réalisation d'un programme public...

### Les conditions pour participer au programme public

■ Une association dotée de la personnalité morale peut devenir **opérateur de l'État** dès lors qu'elle répond à trois critères :
– une **activité de service public**, qui puisse se rattacher à la mise en œuvre d'une politique publique ;
– un **financement assuré majoritairement par l'État**, directement sous forme de subventions ou de ressources fiscales ;

VOIR AUSSI

- **Les caractéristiques des associations** *(fiche 13)*
- **Les stratégies des organisations publiques** *(fiche 54)*

MOTS CLÉS

- **Diversification des ressources**
- **Développement de l'association**
- **Reconnaissance de l'utilité publique**

TESTEZ-VOUS

**A.** À quoi se limite la stratégie des associations ?
**B.** Qu'est-ce qu'un opérateur public ?
**C.** En quoi consiste le mécénat ?
**D.** Qu'apporte la reconnaissance d'utilité publique ?

*Corrigés p. 121.*

– un **contrôle exercé par l'État**, sur la gestion financière et les décisions stratégiques de l'association.

■ En contrepartie de subventions, l'association s'engage dans la **mise en œuvre d'une politique publique** et s'oblige donc à participer à la **réalisation des objectifs stratégiques** définis par les ministères.

## 3. La mécénat et la reconnaissance d'utilité publique

### Mécénat et parrainage

■ Le **mécénat** se distingue du **parrainage** (*sponsoring* en anglais) par la notion de contrepartie. Le mécène ne recherche pas de contrepartie qui se limite le plus souvent à la **simple citation de son nom**. En revanche, le parrainage implique que le parrain en tire un **bénéfice économique ou financier**.

■ Le mécénat permet à l'association de travailler sur des projets en collaboration avec des acteurs économiques locaux et de **diversifier ses ressources financières**. Le mécénat peut prendre la forme d'un **apport de compétences professionnelles** ou de **prestations de services**.

■ Au plan des ressources humaines, le mécénat entraîne une **mobilisation des bénévoles autour d'un nouveau projet** et des opportunités d'en recruter de nouveaux grâce à la rencontre avec des acteurs économiques locaux.

■ Par exemple, une association de lutte contre une maladie rare édite dans sa revue interne la synthèse des travaux de recherche sur le sujet. La revue est financée par des sommes reçues d'entreprises. En contrepartie, le nom des entreprises versantes est mentionné au dos de la revue.

### La reconnaissance d'utilité publique

■ La **reconnaissance d'utilité publique*** permet d'élargir les possibilités de ressources des associations. L'association qui sollicite la reconnaissance d'utilité publique doit avoir rempli au préalable les **formalités imposées aux associations déclarées**. Elle doit avoir fonctionné pendant trois ans et ses statuts doivent comporter certaines mentions.

■ La reconnaissance permet à l'association reconnue d'utilité publique de recevoir des dons manuels, des donations et des legs.

**Fiche 1.** **A :** Une action collective regroupe des personnes qui s'engagent ensemble autour d'un même objectif. – **B :** Une action collective réunit des personnes qui coordonnent leurs actions en vue d'un résultat. – **C :** Des personnes interdépendantes qui coordonnent leurs actions et interagissent pour réaliser ensemble un objectif commun. – **D :** Non, un groupe est organisé quand il existe une interdépendance et une interaction entre ses membres. **Fiche 2.** **A :** Une organisation a vocation à durer et détient un statut juridique. – **B :** Des ressources humaines, matérielles et financières. – **C :** Pour s'assurer que les objectifs préalablement fixés sont atteints. – **D :** Privilégier l'intérêt collectif de l'organisation. **Fiche 3.** **A :** La finalité, la nature de l'activité, le statut juridique, le champ d'action géographique, les ressources, la répartition du pouvoir. – **B :** Il correspond à son appellation juridique qui lui confère la personnalité morale. – **C :** Ressources humaines, matérielles et financières. – **D :** Il peut être centralisé (au sommet) ou décentralisé (vers les niveaux subalternes). **Fiche 4.** **A :** Piloter (fixer les objectifs et contrôler les résultats), organiser (diviser et coordonner le travail), animer (animer et mobiliser les hommes), diriger (prendre des décisions). – **B :** La fixation des objectifs stratégiques, le suivi et le contrôle de leur réalisation. – **C :** Développer les compétences des membres de l'organisation et les motiver pour qu'ils s'impliquent dans la réalisation des objectifs stratégiques. – **D :** Car il s'agit de prendre des décisions visant à assurer le fonctionnement de l'organisation et à maintenir sa cohésion en vue de la réalisation des objectifs. **Fiche 5.** **A :** Il regroupe les décisions stratégiques prises au sommet de l'organisation qui ont une influence déterminante et à long terme sur sa pérennité. – **B :** À diagnostiquer le potentiel de l'organisation et à anticiper les évolutions probables de son environnement. – **C :** Il concerne la mise en œuvre des décisions stratégiques et la gestion des ressources en vue de réaliser effectivement les objectifs stratégiques. – **D :** Ils s'articulent logiquement dans un même processus dont ils constituent les étapes successives. **Fiche 6.** **A :** La taille, l'âge, la culture, le pouvoir et la technologie. – **B :** Suivant qu'il soit décentralisé ou centralisé, le pouvoir favorise ou non l'initiative et la responsabilité. – **C :** Les changements technologiques (et techniques), les changements économiques et les changements écologiques (*cf.* développement durable). – **D :** Il agit sur les pratiques de management liées à la protection de l'environnement. **Fiche 7.** **A :** À satisfaire les besoins des clients et à rémunérer ceux qui ont contribué à sa création. – **B :** Voir tableau (*fiche 7*). – **C :** C'est le résultat net de l'entreprise (bénéfice ou perte). – **D :** Rémunérer l'entrepreneur, les apporteurs de capitaux et constituer l'épargne nécessaire à la pérennité de l'entreprise (investissement). **Fiche 8.** **A :** Acteur individuel ou collectif animé par des intérêts particuliers qui peut affecter l'entreprise ou être affecté par elle. – **B :** Pour maintenir la cohésion de l'entreprise et garantir son fonctionnement harmonieux. – **C :** Créer et sauvegarder les emplois, développer les compétences individuelles et favoriser l'épanouissement individuel. – **D :** La RSE signifie qu'une entreprise doit se soucier des impacts environnementaux et sociaux de ses activités. **Fiche 9.** **A :** Secteurs primaire, secondaire, tertiaire et quaternaire. – **B :** Sur son savoir-faire et sur ses compétences distinctives. – **C :** C'est une entreprise qui emploie entre 250 et 4 999 salariés et dont le chiffre d'affaires n'excède pas 1,5 milliard d'euros. – **D :** C'est une entreprise dans laquelle l'État exerce un contrôle majoritaire. **Fiche 10.** **A :** Activité fondée sur la primauté de l'intérêt général (intérêt de la collectivité). – **B :** Principes d'égalité (et d'équité), de continuité, d'adaptabilité. – **C :** Confier, par contrat, à un délégataire public ou privé la gestion d'un service public. – **D :** Un bien caractérisé par deux propriétés : non rivalité et non exclusivité. **Fiche 11.** **A :** Contrôlée et financée par l'État. – **B :** Il bénéficie d'une autonomie financière. – **C :** Taxes foncières, taxes d'habitation, taxes professionnelles. – **D :** Un employé d'une administration publique ou locale recruté sur concours et lié à l'État ou à une collectivité territoriale. **Fiche 12.** **A :** Une personne qui utilise un service public gratuitement ou moyennant un prix inférieur au coût réel du service. – **B :** Une personne qui utilise un service privé moyennant un prix fixé sur un marché. – **C :** Un service public garanti par des principes fondamentaux, financé exclusivement par l'État et les collectivités territoriales et non-marchand (protégé de la concurrence). – **D :** C'est un client quand les organisations publiques cherchent à satisfaire ses besoins individuels et à répondre à ses attentes personnelles. **Fiche 13.** **A :** Elle correspond à sa mission identifiée par son objet social. – **B :** À préciser son but et ses objectifs généraux. – **C :** Subventions publiques, emprunts, dons, donations et legs, mécénat et parrainage. – **D :** C'est un engagement individuel, libre et à titre gratuit, dans une activité en faveur d'autrui. **Fiche 14. A :** C'est une association déclarée qui détient une personnalité juridique. – **B :** Une certification qui lui permet de recevoir des subventions. – **C :** Défendre les intérêts individuels et collectifs de ses adhérents (syndiqués). – **D :** C'est une association autonome et indépendante du pouvoir politique ou économique. **Fiche 15. A :** C'est sa raison d'être, ce qui justifie son existence et oriente son devenir. – **B :** Parce que les objectifs stratégiques orientent la stratégie de l'organisation qui garantit sa pérennité. – **C :** Les ressources humaines, matérielles et financières disponibles et accessibles. – **D :** À réduire l'incertitude et l'imprévisibilité de l'environnement d'une organisation. **Fiche 16. A :** Globalement, par domaines, par acteurs (ou parties prenantes), par types d'environnement (micro ou macroenvironnement). – **B :** Une sphère ou zone d'influence réciproque entre l'organisation et l'environnement. – **C :** Une sphère ou zone d'influence unilatérale de l'environnement sur l'organisation. – **D :** L'environnement est source de menaces qui agissent négativement sur l'organisation, mais également source d'opportunités que l'organisation doit savoir transformer en atouts pour elle-même. **Fiche 17. A :** Sur la stratégie (à long terme) de l'organisation. – **B :** Sur la gestion des ressources nécessaires à la mise en œuvre de la stratégie. – **C :** Un ensemble de biens ou de services proposés à des clients moyennant le paiement d'une somme fixée sur un marché. – **D :** C'est une offre constituée de biens ou de services proposés à des usagers gratuitement ou moyennant un prix inférieur au coût de mise à disposition. **Fiche 18. A :** Les parties prenantes et la nature des informations nécessaires à la prise de décision. – **B :** Une information absente, imprécise, incomplète, erronée ou fausse. – **C :** Sur l'ensemble des activités de l'organisation. – **D :** Un ensemble d'activités homogènes correspondant à une offre spécifique destinée à un segment de marché. **Fiche 19. A :** Une stratégie anticipée rationnellement et résultant d'un processus méthodique. – **B :** Il comprend les objectifs stratégiques et les moyens à mettre en œuvre pour les atteindre. – **C :** Les changements qui affectent l'environnement, les parties prenantes et les ressources disponibles. – **D :** La stratégie émergente permet d'adapter la stratégie planifiée (prévue) aux opportunités et aux contraintes de l'environnement. **Fiche 20. A :** Sur la réalisation des objectifs stratégiques. – **B :** La capacité d'une organisation à atteindre des résultats conformément à ses objectifs (efficacité) et en minimisant le coût des moyens mobilisés (efficience). – **C :** Grâce à des indicateurs quantitatifs ou qualitatifs, économiques, sociaux, environnementaux, etc. – **D :** À anticiper les changements de l'environnement qui peuvent affecter la réalisation de la stratégie et influencer à terme sa définition. **Fiche 21. A :** Pour vérifier l'exactitude des plans stratégiques et opérationnels et corriger les éventuels dysfonctionnements constatés. – **B :** À avoir une représentation synthétique des résultats intermédiaires à partir d'une multitude d'indicateurs de performance quantitatifs et qualitatifs. – **C :** Un processus qui permet de corriger rapidement et efficacement les dysfonctionnements constatés dans la mise en œuvre d'une stratégie. – **D :** Il permet de collecter, diffuser, sauvegarder et gérer des flux d'informations et de garantir leur traçabilité. **Fiche 22. A :** Le SI comprend également des personnes, des procédures, des ressources, des données... – **B :** Le SI fournit aux décideurs les informations nécessaires à la prise de décision stratégique et à la gestion des ressources. – **C :** Car il permet d'accroître la compétitivité par une connaissance précise du potentiel de l'organisation (ressources) et de l'évolution de l'environnement. – **D :** Le SI n'est pas efficace en soi mais nécessite une exploitation et une interprétation des informations. **Fiche 23. A :** Des biens marchands échangés sur un marché moyennant un prix ou des biens non marchands offerts à titre gratuit ou quasi-gratuit. – **B :** Production unitaire, en série ou en continu. – **C :** À produire « juste-à-temps », en fonction de la demande réelle dans l'objectif de réduire les stocks. – **D :** À produire en fonction d'une demande anticipée pour constituer des stocks. **Fiche 24. A :** Pour acquérir des capacités supplémentaires, réduire ses coûts, accéder à de nouveaux besoins. – **B :** La sous-traitance de capacité, de spécialité, de marché. – **C :** Donneur d'ordre pour une entreprise, délégataire pour une organisation publique. – **D :** La sous-traitance est source de flexibilité, d'innovation, de productivité et de compétitivité. **Fiche 25. A :** Sur le produit en lui-même, mais aussi sur les services associés. Les critères sont objectifs et subjectifs. – **B :** À labelliser la qualité des produits et des conditions de leur production. – **C :** C'est un enjeu stratégique pour les entreprises, car elle est facteur de compétitivité face à la concurrence. – **D :** Elle porte sur le cadre dans lequel le service est mis en œuvre et sur les relations entre l'usager et l'agent ou le fonctionnaire. **Fiche 26.** **A :** À décomposer le travail en tâches plus ou moins spécialisées et à les répartir sur des postes de travail. – **B :** Pour assurer leur cohérence et leur bon fonctionnement et garantir l'efficacité globale du travail. – **C :** Spécialisation et division des tâches, séparation entre les tâches de conception et d'exécution, primes. – **D :** Production « juste-à-temps » à la commande, contrôle de la qualité, absence de stocks, polyvalence des ouvriers… **Fiche 27.** **A :** Allonger le déroulement des tâches en ajoutant des tâches similaires aux tâches existantes. – **B :** Ajouter des tâches nouvelles à des tâches existantes dans un même processus moyennant davantage d'autonomie, de responsabilité et de polyvalence. – **C :** La capacité à réaliser plusieurs tâches relatives à une même situation de travail et sur un même poste de travail. – **D :** Car elle permet aux individus d'acquérir des compétences professionnelles diversifiées. **Fiche 28.** **A :** La capacité d'une organisation à adapter son organisation du travail pour répondre rapidement et de manière appropriée à l'évolution des attentes de ses clients ou de ses usagers. – **B :** Elle permet aux entreprises d'être plus compétitives en s'adaptant plus rapidement aux besoins et aux attentes de leurs clients. – **C :** Un enrichissement du travail et le développement des compétences individuelles professionnelles. – **D :** La précarité et l'incertitude de l'emploi. **Fiche 29.** **A :** Pour assurer la cohérence des activités et assurer le fonctionnement global de l'organisation. – **B :** Un mode de coordination fondé sur une communication informelle des membres qui ajustent librement leurs tâches. – **C :** Elle est assurée par un individu (ou une équipe) qui donne des ordres ou des consignes et contrôle leur exécution. – **D :** Par l'imposition de normes, de procédures, de qualifications ou de résultats. **Fiche 30.** **A :** C'est la capacité d'un individu d'agir sur les comportements d'autres individus pour obtenir des résultats conformes à ses objectifs. – **B :** Un droit inhérent à une position hiérarchique ou un statut. – **C :** À confier à un subordonné, tout ou partie du pouvoir de décision détenu par une autorité. – **D :** Un pouvoir décentralisé signifie qu'une partie des décisions stratégiques est confiée (ou déléguée) aux membres situés le long de la ligne hiérarchique. **Fiche 31.** **A :** Il influence la structure de l'organisation par le biais des facteurs de contingence externes (changements technologiques, économiques, écologiques…). – **B :** C'est une structure hiérarchisée dont les activités sont spécialisées et le pouvoir centralisé. – **C :** À un environnement stable et prévisible. – **D :** La structure flexible. **Fiche 32.** **A :** Elles sont multiples : relationnelles ou comportementales, techniques, conceptuelles, décisionnelles. – **B :** Non, il dispose du pouvoir que lui a confié un conseil d'administration élu par les actionnaires. – **C :** Mettre en œuvre des politiques publiques (missions) dans le cadre strict de l'intérêt général. – **D :** Ils sont élus dans le cadre de l'assemblée générale des adhérents. **Fiche 33.** **A :** Crainte, menaces, communication unilatérale descendante, absence de confiance, pouvoir centralisé… – **B :** Quand le dirigeant fait preuve de condescendance à l'égard des subordonnés. – **C :** Par l'existence d'une confiance mutuelle et d'une prise de décision stratégique en commun. – **D :** Du caractère (personnalité) du dirigeant, de celui des subordonnés et des caractéristiques de l'organisation. **Fiche 34.** **A :** Les dirigeants, cadres, employés et représentants du personnel (délégués syndicaux et délégués du personnel). – **B :** Non, pas dans les micro-entreprises (moins de 10 salariés). – **C :** Représenter un syndicat, défendre et revendiquer des droits pour les salariés et négocier des accords et des conventions. – **D :** Un bénévole travaille gratuitement alors que l'adhérent verse une cotisation pour bénéficier des services proposés. **Fiche 35.** **A :** Une combinaison de connaissances, savoir-faire, expérience et comportements s'exerçant dans un contexte précis face à une situation professionnelle donnée. – **B :** À identifier les compétences nécessaires à la mise en œuvre d'une stratégie et adapter les emplois et compétences actuels aux besoins futurs de l'organisation. – **C :** Choix stratégiques à partir de l'analyse de l'environnement, évolution souhaitable des ressources humaines pour réaliser la stratégie, évaluation des ressources humaines actuelles et de leur évolution probable (prévisible), constat de l'écart et correction du décalage. – **D :** Par la formation, le recrutement, la mobilité, la promotion, la mutation, etc. **Fiche 36.** **A :** Un apprentissage, une prise d'initiative et de responsabilité, l'utilisation de ressources disponibles et de relations avec d'autres acteurs dans une situation professionnelle donnée. – **B :** Cela représente un coût pour l'entreprise et peut avoir des répercussions sur sa performance suivant la nature de l'emploi ou du poste à pouvoir. – **C :** Les compétences doivent être évaluées qualitativement par rapport à des objectifs donnés et en tenant compte des ressources mises à disposition. – **D :** Essentiellement par la confrontation à des situations professionnelles nouvelles et par la formation. **Fiche 37. A :** Un recrutement par mobilité professionnelle ou géographique, ou encore par promotion ou mutation à l'intérieur de l'organisation. – **B :** Il s'agit d'un recrutement par le biais d'annonces, de cabinets spécialisés, de Pôle emploi, etc. – **C :** Par voie de concours dont les conditions d'accès et les épreuves sont réglementées. – **D :** Un bénévole s'engage toujours volontairement, il est recruté en fonction de ses compétences et de sa disponibilité. **Fiche 38. A :** Pour s'adapter à l'évolution du travail et à son organisation plus flexible. – **B :** À agir sur les effectifs et sur le temps de travail. – **C :** Elle consiste à agir sur les compétences, l'autonomie, la responsabilité et la polyvalence. – **D :** L'enrichissement et le développement des compétences professionnelles au profit des salariés et de l'organisation. **Fiche 39. A :** À assurer l'adaptation des salariés à l'évolution de leurs tâches, de leur activité ou de leur poste de travail. – **B :** La formation collective (plan de formation) et la formation individuelle (CIF et DIF). – **C :** C'est un droit reconnu à un salarié de bénéficier, de sa propre initiative, d'un congé individuel pour formation sous certaines conditions. – **D :** Oui, à travers des plans annuels de formation formalisés et adaptés aux besoins des fonctionnaires. **Fiche 40. A :** Salaire de base et prime, partie fixe et partie variable (ou individualisée). – **B :** À déterminer le contenu et les modalités de rémunération des membres de l'organisation. – **C :** Maîtriser les coûts de production et notamment les coûts salariaux de l'organisation. – **D :** Cela consiste à lier le montant de la rémunération individuelle aux résultats atteints par le salarié, soit seul, soit dans le cadre d'un groupe ou d'une unité de travail. **Fiche 41. A :** C'est la volonté individuelle de fournir un effort important dans le but d'atteindre les objectifs fixés par une organisation et de satisfaire conjointement un besoin personnel. – **B :** L'intéressement est un dispositif facultatif et négocié ; la participation est un dispositif obligatoire dans les entreprises d'au moins 50 salariés. – **C :** C'est l'ensemble des conditions et des relations de travail qui agissent sur le climat social et l'ambiance de travail. – **D :** Car elle favorise l'épanouissement personnel et l'estime de soi. **Fiche 42. A :** Des artefacts, des valeurs, des croyances et des symboles propres. – **B :** D'abord les dirigeants, puis les managers, et enfin les membres de l'organisation eux-mêmes. – **C :** Non, car elle repose sur une adhésion individuelle et volontaire à des valeurs collectives. – **D :** Car elle peut légitimer le pouvoir « naturel » des dirigeants fondateurs de l'organisation. **Fiche 43. A :** C'est le résultat d'un déséquilibre entre la pression exercée sur une personne et sa capacité à y faire face. – **B :** Un contexte général (impératifs de compétitivité, de flexibilité, de réactivité...) et un cadre de travail contraignant (surcharge de travail, résultats, performance...). – **C :** Elles portent essentiellement sur la performance individuelle et sur la performance collective (du groupe, de l'unité, du service, de l'organisation...). – **D :** Soit par une prévention, soit par des actions individuelles (maîtrise du stress), soit par des réponses organisationnelles (ergonomie, échanges, reconnaissance individuelle, écoute, etc.). **Fiche 44. A :** C'est l'orientation des activités d'une organisation à long terme en vue de consolider ou d'obtenir un avantage concurrentiel grâce à la mobilisation des ressources et des compétences de l'organisation dans un environnement incertain. – **B :** Le diagnostic stratégique, la fixation des objectifs stratégiques, le choix de la stratégie, le suivi et le contrôle de la stratégie (et sa correction éventuelle). – **C :** « *Qui sommes-nous ?* » et « *où voulons-nous aller ?* ». – **D :** Elle concerne l'ensemble des activités de l'organisation et englobe les stratégies par domaines d'activités. **Fiche 45. A :** Une ressource spécifique de l'organisation pouvant lui permettre de dégager un avantage concurrentiel. – **B :** Quand elle est susceptible de procurer un avantage concurrentiel à une organisation. – **C :** D'une combinaison de ressources spécifiques (ou uniques) et de compétences distinctives (ou fondamentales). – **D :** La capacité d'une organisation à dégager un avantage concurrentiel par la combinaison de ressources spécifiques et de compétences fondamentales. **Fiche 46. A :** Diagnostic des opportunités et des menaces de l'environnement. – **B :** Elle permet à l'entreprise de se positionner sur un marché ou sur un secteur d'activité soumis à la concurrence d'autres entreprises. – **C :** C'est une force qui agit sur l'intensité de la concurrence sur un marché ou un secteur d'activité. – **D :** Le double diagnostic stratégique comprend un diagnostic interne et un diagnostic externe. **Fiche 47. A :** Une ressource ou compétence qu'une entreprise doit maîtriser pour détenir une capacité concurrentielle. **– B :** Il résulte de l'existence d'une offre distinctive reposant elle-même sur des compétences distinctives et des ressources spécifiques. **– C :** La maîtrise des coûts ou la différenciation de l'offre par la qualité. **– D :** C'est un élément fondamental de l'avantage concurrentiel. **Fiche 48. A :** Sur le métier de l'entreprise. **– B :** La spécialisation par pénétration de marché, par développement de produits, par développement de marché. **– C :** Acquérir rapidement la maîtrise de son métier et renforcer son niveau d'expertise. **– D :** L'entreprise est sensible aux changements de l'environnement et reste vulnérable en cas de changement de conjoncture (baisse de la demande). **Fiche 49. A :** Sur l'obtention de nouveaux métiers. **– B :** La diversification de placement, de confortement, de redéploiement, de survie. **– C :** Elle rend l'entreprise moins sensible aux changements de l'environnement et permet de répartir les risques stratégiques. **– D :** Elle nécessite des investissements importants et génère des difficultés de coordination des activités. **Fiche 50. A :** Que le coût de production diminue de 20 % en moyenne chaque fois que la production est multipliée par deux. **– B :** Elle est obtenue quand la quantité produite est telle qu'elle permet de répartir les coûts fixes sur un plus grand nombre de produits, permettant ainsi de diminuer le coût de revient unitaire et donc le prix de vente du produit. **– C :** La stratégie de volume et la stratégie d'efficience (innovation technologique, meilleure organisation). **– D :** Une rentabilité élevée et une position concurrentielle forte pour l'entreprise. **Fiche 51. A :** Sur la spécificité de l'offre qui apparaît comme unique. **– B :** Une place essentielle car elle est source d'innovation et donc de différenciation (*cf.* Apple). **– C :** La différenciation vers le haut et la différenciation vers le bas. **– D :** La protection de l'entreprise de la concurrence car son offre est perçue comme unique aux yeux des clients. **Fiche 52. A :** C'est confier à un prestataire extérieur tout ou partie d'une activité ou d'une fonction de l'entreprise. **– B :** Sous-traitance, co-traitance, commission, concession, licence ou franchise. **– C :** La sous-traitance de spécialité, de capacité, de marché (ou communautaire). **– D :** Réduire les coûts de prise en charge en interne de l'activité confiée au prestataire extérieur. **Fiche 53. A.** À élargir les activités de l'entreprise par le rachat, l'union ou l'alliance avec d'autres entreprises ayant les mêmes activités. **– B :** C'est l'acquisition d'entreprises situées en amont dans une filière de production. Pour les entreprises de production, ce sont ses fournisseurs. **– C :** La fusion, l'absorption, la scission. **– D :** Contrôler l'approvisionnement et/ou la distribution dans une filière de production, garantir la qualité des matières premières, les délais de livraison et le suivi après-vente, etc. **Fiche 54. A :** C'est l'expression d'une grande mission de l'État définie dans le cadre de l'intérêt général à partir de la demande des citoyens. **– B :** Les ministres. **– C :** La RGPP a pour objectif d'améliorer l'efficience des politiques publiques tout en améliorant la qualité des services publics. **– D :** Le transfert aux collectivités territoriales d'une partie des compétences ou des prérogatives confiées à l'État. **Fiche 55. A :** À diversifier les ressources financières et à développer l'association conformément à son objet. **– B :** Une organisation qui participe à la réalisation d'une politique publique et reçoit en contrepartie des subventions. **– C :** Il consiste à apporter à une association des compétences ou des ressources matérielles sans contrepartie économique ni financière. **– D :** Elle permet à une association de recevoir des dons manuels, des donations et des legs.

## A

**Action** titre de propriété représentant une partie du capital d'une entreprise et donnant droit à une partie des bénéfices (dividendes).

**Action collective** action menée de manière solidaire par un ensemble de personnes interdépendantes ayant un objectif commun.

**Actionnaire** propriétaire d'un titre de propriété qui reçoit, sous forme de dividendes, une participation aux bénéfices de l'entreprise et qui détient un pouvoir de décision.

**Adhérent** personne bénéficiant des services proposés par une association.

**Administration centrale** ensemble des unités institutionnelles qui représente l'autorité suprême des pouvoirs publics et assure la mise en œuvre de la politique de l'État (voir *politique publique*).

**Association** contrat par lequel au moins deux personnes décident de mettre en commun leurs connaissances et leurs activités dans un but non lucratif. L'association est régie par la loi du 1er juillet 1901 sur la liberté d'association.

**Autorité** droit inhérent ou attaché à une position hiérarchique de donner légitimement des ordres et de les voir exécutés. Aspect formel du pouvoir.

**Avantage concurrentiel** atout stratégique qui confère à une entreprise une supériorité sur ses concurrents. Cela peut provenir des coûts (avantage par les coûts), de la valorisation de l'offre (avantage par la différenciation) ou de la maîtrise d'une technologie (avantage par la technologie).

## B

**Bénévole** personne qui s'engage individuellement et librement pour accomplir gratuitement un travail.

**Bien** produit matériel et tangible destiné à satisfaire un besoin.

**Bien public** bien caractérisé par la non-exclusivité et la non-rivalité, il peut être consommé par plusieurs personnes à la fois sans appartenir individuellement à chacune d'entre elles.

## C

**Centralisation** se dit d'un pouvoir de décision situé au sommet de la hiérarchie et non délégué à un niveau subalterne.

**Client** personne qui achète un bien ou service pour la satisfaction de ses besoins individuels.

**Collectivité territoriale** circonscription administrative dotée de la personnalité juridique et disposant du pouvoir de s'administrer par le biais d'autorités élues : communes, départements, régions.

**Compétence** prise d'initiative et de responsabilité de l'individu sur des situations professionnelles auxquelles il est confronté avec d'autres acteurs et pour lesquelles il doit mobiliser ses connaissances, son savoir-faire et son expérience.

**Compétence distinctive** compétence fondamentale d'une organisation sur laquelle se fonde son avantage concurrentiel.

**Contrôle** fonction du management qui consiste à vérifier l'efficacité et la performance, et à mettre en œuvre, le cas échéant, des actions correctrices.

**Contrôle stratégique** ensemble d'outils, de décisions et d'actions visant à s'assurer que la stratégie mise en œuvre est réalisée conformément aux objectifs fixés.

**Coordination** mode de collaboration institué entre des unités ou des tâches.

**Culture** ensemble d'éléments tangibles, visibles et audibles, de valeurs, de croyances et de symboles propres à une organisation.

## D

**Décentralisation (de la décision)** se dit d'un pouvoir de décision délégué à des niveaux subalternes.

**Décision** choix cohérent et rationnel exercé conformément à des objectifs et en tenant compte de contraintes. Situation de choix cohérent et rationnel face à une multitude d'alternatives.

**Décision opérationnelle** décision prise à des niveaux subalternes et n'ayant qu'une influence limitée sur la pérennité de l'organisation.

**Décision stratégique** décision prise au sommet d'une organisation et ayant une influence déterminante et à long terme sur l'existence et la pérennité de l'organisation.

**Délégation d'autorité** diffusion du pourvoir de décision à des niveaux hiérarchiques inférieurs.

**Délégué du personnel** salarié d'une entreprise chargé de représenter le personnel.

**Délégué syndical** salarié d'une entreprise chargé de représenter un syndicat et de négocier des accords collectifs.

**Démarche qualité** ensemble des outils, décisions et actions visant à garantir la qualité du bien ou du service à tous les niveaux de sa production et de sa mise à disposition du client ou de l'usager.

**Démarche stratégique** processus de réflexion et de conception de la stratégie qui s'appuie sur un diagnostic interne et un diagnostic externe.

**Développement durable** développement qui s'efforce de répondre aux besoins du présent sans compromettre la capacité des générations futures à satisfaire leurs propres besoins. Le développement durable cherche à concilier le développement économique et social avec une gestion pérenne des ressources naturelles et la protection de l'environnement.

**Diagnostic externe** recherche et analyse des menaces (facteurs négatifs) et des opportunités (facteurs positifs) de l'environnement d'une organisation.

**Diagnostic interne** recherche et analyse des forces et des faiblesses d'une organisation en termes de ressources et de compétences.

**Dirigeant** personne exerçant une autorité et détenant un pouvoir de décisions dans une organisation.

**Division du travail** division du travail en tâches et regroupement des tâches en activités.

**Domaine d'activité stratégique (DAS)** ensemble homogène d'activités fondées sur des compétences et des ressources spécifiques dont la combinaison constitue un facteur clé de succès.

## E

**Économie d'échelle** réduction des coûts par augmentation des quantités produites grâce à une répartition des coûts fixes sur un plus grand nombre d'unités produites.

**Efficacité** rapport entre le résultat obtenu et l'objectif à atteindre.

**Efficience** rapport entre le résultat obtenu et les moyens utilisés pour obtenir ce résultat.

**Enrichissement des tâches** réalisation de tâches différentes dans une même situation de travail spécifique et cohérente.

**Entreprise** organisation poursuivant des objectifs économiques à travers la satisfaction des clients et la recherche d'un profit destiné à garantir sa pérennité.

**Environnement** au sens large, comprend l'ensemble des facteurs qui peuvent interagir avec l'organisation.

**Externalisation (de la production)** action qui consiste à confier la réalisation d'une partie de la production à des partenaires extérieurs.

## F

**Facteurs de contingence** ensembles de variables internes et externes ayant une influence sur les pratiques managériales et sur les décisions prises par les managers d'une organisation.

**Finalité** raison d'être d'une organisation, but général qu'elle s'est fixée et qui justifie son existence. Il s'agit le plus souvent de son métier (entreprise), de sa mission (organisation publique) ou de son objet (association).

**Finalité lucrative (ou économique)** finalité orientée vers la recherche et l'obtention d'un bénéfice ou d'un profit.

**Finalité sociale** finalité orientée vers la recherche et l'obtention d'un bien-être ou d'une satisfaction sociale.

**Flexibilité** ensemble des méthodes qui permettent à une organisation de s'adapter rapidement à l'évolution de son environnement.

**Flexibilité de la production** recours à des équipements polyvalents permettant d'adapter rapidement les quantités et qualités produites pour répondre aux variations de la demande.

**Flexibilité qualitative** développement des compétences par la polyvalence et la responsabilité, en contrepartie d'une stabilité et d'une rétribution.

**Flux poussés** production avec stocks intermédiaires destinée à satisfaire une demande anticipée du marché.

**Flux tendus** production sans stocks intermédiaires visant à fabriquer les biens « juste-à-temps » en fonction de la demande réelle.

**Fonctions du management** ensemble des décisions et actions relevant du management : piloter (fixer les objectifs et contrôler les résultats), organiser (répartir et coordonner le travail), animer (animer et mobiliser les hommes), diriger (prendre des décisions pour réaliser les objectifs).

## G

**GPEC** gestion prévisionnelle des emplois et des compétences visant à adapter quantitativement et qualitativement les ressources humaines aux besoins résultant de la stratégie de l'organisation.

**Groupe organisé** ensemble restreint de personnes qui partagent un objectif commun et organisent collectivement une action pour l'atteindre.

## I

**Individualisation** consiste à ajouter à la rémunération fixe, une rémunération variable, souvent liée aux résultats que l'activité du salarié a générés pour l'organisation.

**Innovation** ensemble des démarches scientifiques, technologiques, organisationnelles, financières et commerciales qui aboutissent à la réalisation de produits ou procédés technologiquement nouveaux ou améliorés.

**Intérêt général** intérêt situé à l'opposé de l'intérêt individuel ou particulier et qui concerne l'ensemble d'une collectivité.

## M

**Macroenvironnement** sphère de l'environnement d'une organisation qui exerce sur elle une influence directe et unilatérale.

**Management** manière (art) de diriger une organisation, de planifier son développement, d'organiser ses activités et de contrôler ses résultats.

**Management opérationnel** ensemble des décisions prises aux niveaux intermédiaires d'une organisation, et qui ont un impact sur la gestion quotidienne d'une organisation.

**Management stratégique** ensemble des décisions prises au niveau hiérarchique supérieur d'une organisation, et qui ont un impact sur l'existence et le devenir d'une organisation (on parle également de pérennité).

**Marché** espace, physique ou non, de rencontre entre une offre et une demande pour un bien économique donné.

**Métier** combinaison de savoir-faire, de compétences et d'expériences adaptés à un marché, un secteur ou un domaine d'activité.

**Microenvironnement** sphère de l'environnement d'une organisation qui exerce sur elle une influence, mais sur laquelle cette organisation agit également.

**Mission** *pour une organisation publique*, grande politique publique définie dans le cadre de l'intérêt général et correspondant à des finalités non lucratives. *Pour une association*, objet ou but défini dans le cadre d'une assemblée générale et précisant la vocation de l'association.

**Mission de service public** activités d'intérêt général réalisées par des organisations publiques ou par des organisations privées par délégation.

**Modes de coordination** moyens fondamentaux utilisés pour répartir le travail entre les différents acteurs. On peut distinguer la coordination par une communication informelle, par un individu qui supervise et par des règles de standardisation.

**Motivation** ensemble des facteurs conscients et inconscients qui conduisent un acteur à s'impliquer dans son travail.

## O

**Objectifs stratégiques** objectifs à long terme se rapportant à l'existence, au développement et à la pérennité d'une organisation.

**Objet (de l'association)** raison d'être ou finalité d'une association.

**Offre** ensemble de biens ou de services produits par une organisation et destinés à satisfaire des clients, des usagers ou des adhérents.

**Opportunités** facteurs environnementaux externes et positifs pour une organisation.

**Organisation** ensemble de personnes interdépendantes qui partagent un objectif commun et mobilisent durablement des ressources dans un cadre juridique pour l'atteindre.

**Organisation à but non lucratif** organisation poursuivant des objectifs principalement sociaux à travers la fourniture d'un service privé destiné à ses adhérents ou à des bénéficiaires extérieurs.

**Organisation non gouvernementale (ONG)** organisation d'intérêt public qui ne relève ni de l'État ni d'une institution internationale.

**Organisation publique** organisation poursuivant des objectifs sociaux à travers la satisfaction des citoyens et la sauvegarde de l'intérêt général.

**Organisation scientifique du travail (OST)** organisation du travail préconisée par F. W. Taylor et reposant sur la parcellisation (division) des tâches, sur la spécialisation des postes et sur la séparation entre les activités de conception et d'exécution.

## P

**Partie prenante** individu ou groupe d'individus pouvant affecter ou être affecté par la réalisation des objectifs d'une organisation.

**Pérennité** caractère d'une organisation dont l'activité se perpétue.

**Performance** capacité de mener une action conformément à des objectifs donnés en minimisant le coût des ressources et des processus mis en œuvre.

**Planification stratégique** stratégie anticipée et qui se réalise conformément aux objectifs et à la planification préétablis.

**Politique publique** politique (mission) menée par l'État et déclinée en programmes.

**Polyvalence** capacité à réaliser plusieurs tâches qui s'articulent logiquement entre elles dans un même processus de travail.

**Pouvoir** capacité d'un individu d'influencer des décisions et d'agir pour obtenir que dans sa relation avec d'autres individus, les termes de l'échange lui soient favorables.

**Processus de décision** ensemble d'étapes qui s'articulent logiquement entre elles et conduisent à prendre une décision et à assurer son suivi.

**Processus stratégique** succession logique d'étapes incluant la prise de décision stratégique.

**Production** activité de création de richesses destinées ou non à un marché. Pour l'entreprise, la production est une richesse économique toujours destinée à un marché.

**Production en continu** méthode où la production est réalisée en flux ininterrompus.

**Production en série** méthode de production dans laquelle la fabrication du produit est divisée en un certain nombre d'étapes standardisées.

**Production unitaire** méthode de production dans laquelle la fabrication du produit répond à une commande précise.

**Productivité** rapport de la production finale (en valeur ou en volume) sur les facteurs utilisés (le plus souvent le travail, évalué en effectifs ou en heures).

**Produit** bien ou service destiné à répondre à une demande ou à satisfaire un besoin.

**Profit** bénéfices distribués ou non, résultant de l'activité de production.

**Propriétaire** personne physique ou morale à qui appartient, le plus souvent, une entreprise publique ou privée.

## Q

**Qualification** ensemble des aptitudes acquises par un individu ou requises pour occuper un emploi.

**Qualité** aptitude d'un produit à satisfaire les besoins des utilisateurs.

## R

**Reconnaissance d'utilité publique** label conférant à une association qui en bénéficie une légitimité particulière dans son domaine d'action.

**Rentabilité** rapport entre l'excédent brut d'exploitation et le montant des investissements.

**Responsabilité sociétale** responsabilité découlant de l'application du concept de développement durable : signifie qu'une organisation doit se soucier des impacts environnementaux et sociaux de ses activités et être plus attentive aux attentes et aux préoccupations de ses parties prenantes.

**Ressources** ensemble des ressources humaines, matérielles et financières mobilisées par une organisation.

## S

**Salarié** membre d'une entreprise percevant un salaire.

**Secteur d'activité** ensemble des unités de production d'une entreprise exerçant la même activité principale.

**Service** produit immatériel destiné à satisfaire un besoin.

**Service public** activité d'intérêt général mise en œuvre par l'autorité publique ou réalisée sous son contrôle et soumise à trois principes : égalité (et équité), continuité et mutabilité (ou adaptabilité).

**Sous-traitance** relation contractuelle par laquelle une entreprise donneur d'ordre confie à une autre entreprise sous-traitant une activité à réaliser.

**Spécialisation du travail** mode et degré de division du travail dans l'organisation, prenant en compte le nombre de tâches qui composent le travail.

**Standardisation** coordination des tâches par la spécification des procédés, des instructions, des résultats, des normes ou des qualifications.

**Statut juridique** acte juridique écrit constitutif d'une personne morale.

**Stratégie** combinaison de moyens et d'actions mis en œuvre par une organisation pour atteindre des objectifs stratégiques compte tenu de ses forces, de ses faiblesses et de l'état de son environnement.

**Stratégie d'externalisation** stratégie qui confie tout ou partie des activités à des partenaires extérieurs qui en ont alors l'entière responsabilité.

**Stratégie d'intégration** stratégie consistant à prendre le contrôle d'entreprises dont les activités sont situées en amont ou en aval (intégration verticale), ou au même niveau (intégration horizontale).

**Stratégie de confortement** stratégie de diversification qui permet de tirer parti d'une position concurrentielle moyenne sur un marché en forte croissance.

**Stratégie de développement de marché** stratégie de spécialisation par l'introduction des produits actuels de l'entreprise sur de nouveaux marchés.

**Stratégie de développement de produit** stratégie de spécialisation par la vente de nouveaux produits sur les marchés actuels de l'entreprise.

**Stratégie de différenciation** option stratégique consistant à offrir, sur un secteur ou un marché donné, un bien ou un service perçu par le consommateur comme unique.

**Stratégie de diversification** stratégie de métier consistant à s'engager sur de nouvelles activités qui correspondent le plus souvent à de nouveaux métiers nécessitant parfois de nouvelles compétences et ressources.

**Stratégie de domination par les coûts** option stratégique consistant à dominer les concurrents grâce à des prix de vente bas découlant d'un coût unitaire inférieur à leur niveau de qualité.

**Stratégie de pénétration de marché** stratégie de spécialisation par renforcement de la position de l'entreprise sur ses marchés actuels. Prend la forme de politiques commerciales.

**Stratégie de placement** stratégie de diversification qui permet de tirer parti d'une position concurrentielle forte sur un marché en expansion.

**Stratégie de redéploiement** stratégie de diversification qui s'impose quand la position concurrentielle est forte sur un marché en déclin.

**Stratégie de spécialisation** stratégie qui consiste à fonder les activités d'une entreprise sur un seul métier nécessitant des compétences distinctives et des ressources spécifiques.

**Stratégie de survie** stratégie de diversification qui s'impose quand la position concurrentielle est forte sur un marché abandonné.

**Stratégie émergente** stratégie dont la réalisation n'est pas expressément prévue par rapport aux objectifs et à la planification préétablis.

**Stratégie globale** stratégie générale qui engage l'organisation (l'entreprise) dans son ensemble.

**Stress au travail** résultat d'un déséquilibre entre les pressions exercées sur une personne et sa capacité à y faire face.

**Structure** ensemble des fonctions et des relations qui déterminent formellement les rôles de chaque unité de l'organisation et leurs modes de coordination.

**Structure rigide** structure figée et adaptée à un environnement stable et prévisible.

**Structure souple** structure flexible et adaptée à un environnement changeant et imprévisible.

**Style de direction** manière particulière d'exercer le pouvoir de décision dans une organisation.

**Système d'information** ensemble des ressources destinées à permettre la collecte, le traitement, le stockage, la transmission des informations (matériel, logiciel, personnel, données, procédures, etc.).

## T

**Taille** dimension d'une organisation évaluée le plus souvent par ses effectifs (salariés, bénévoles, fonctionnaires, agents territoriaux...), ses adhérents (association), son chiffre d'affaires ou son résultat (entreprise).

**Taylorisme** méthode de production et mode d'organisation du travail développés par F. W. Taylor et reposant sur la spécialisation du travail, la parcellisation des tâches et l'existence de primes au rendement.

**Toyotisme** méthode de production et mode d'organisation du travail développés dans l'entreprise Toyota et reposant sur la continuité des flux de production (juste-à-temps) et sur l'absence de stock et de défauts (qualité).

## U

**Usager** personne physique ou morale qui utilise un service public, soit de façon gratuite, soit en acquittant la tarification publique en vigueur.

## V

**Valeur ajoutée (VA)** richesse supplémentaire créée par une entreprise et résultant de la différence entre sa production (chiffre d'affaires) et ses consommations intermédiaires.

**Valorisation des ressources locales** action stratégique mise en œuvre par une collectivité territoriale.

**Veille informationnelle** activité consistant à se tenir en permanence informé des évolutions de l'environnement.

**Veille stratégique** ensemble de moyens matériels et humains destinés à collecter et exploiter les informations nécessaires à la détermination et au suivi de la stratégie d'une organisation.

# INDEX

*Les numéros renvoient aux pages.*




Achevé d'imprimer en Espagne par Dédalo Offset
Dépôt légal : Juillet 2012 - Collection 10 - Édition 01 - 18/2172/7